김종훈의
세계 현대건축 여행

김종훈의
세계 현대건축 여행

김종훈 지음

추천사

특별한 현대건축 여행 안내서다
— 최정우, 포스코그룹 회장

이 책은 건축 이야기이고 도시 이야기이고 이 시대를 사는 사람들 이야기다. 저자인 김종훈 회장의 행보를 부지런히 따라가다 보면 "사람은 건축을 만들고 건축은 사람을 만든다."라는 윈스턴 처칠 Winston Churchill의 명언이 자연스럽게 이해되는 놀라운 경험을 하게 된다.

국내와 해외의 굵직한 프로젝트 성공을 위해 평생을 보낸 백전노장 김종훈 회장이 설레는 마음을 달래가며 직접 계획을 세우고 가방을 꾸리고 찾아가서 보고, 듣고, 느낀 경험의 이야기들은 도시의 관광정보센터나 흔한 여행안내서를 통해서는 알 수 없는 내용으로 가득하다. 저자는 '건축은 어떻게 도시의 상징이 되는가' '시대는 왜 특별한 건축을 원하는가' '건축을 통해 인간은 삶을 어떻게 개척해가는가' '건축은 어떻게 도시를 살리는가' 등 스스로 묻고 답을 찾는 과정에서 건축과 도시에 대한 전문지식과 이론이 뒷받침

된 해설을 덧붙였다. 덕분에 건축을 잘 알지 못하는 나조차 건축물을 해석하는 새로운 시각을 갖게 되었다. 이 책을 읽으며 가장 좋았던 부분이 무엇인가 묻는다면 바로 이와 같은 배움의 기회라고 자신 있게 말하겠다.

김종훈 회장은 건축물의 상징성과 꼭 감상해야 할 포인트를 정확하게 짚어주고 건축물에 투영된 세계관 등 숨은 가치와 의미를 꼼꼼하게 설명한다. 세상만사가 그렇지만, 건축은 특히 아는 만큼 보이는 특징이 있다. 건축은 화려한 외관이나 유명한 건축가의 명성이 아닌 이면의 스토리를 이해할 때 전혀 새로운 모습을 드러낸다.

이 책에서 소개하는 건축물들은 하나같이 선택되고 거부되고 투쟁하는 고통을 거쳐 탄생했다. 더욱이 더 놀라운 건 단지 뛰어난 건축가 1인의 창조성이 아니라 그 건축에 도시의 미래를 걸었던 사람들의 특별한 안목이 있었다. 저자는 친절한 해설을 통해 건축가들이 '건축은 짓는 게 아니라 사회와 도시를 자라게 하는 것'이라고 말하는 까닭을 납득시킨다.

그동안 출장과 여행으로 여러 차례 방문했던 뉴욕의 아이콘 건축물도 여럿 소개되어 있다. 그중 내가 가장 인상 깊게 기억하는 곳이 구겐하임 미술관이다. 20세기를 대표하는 건축가 프랭크 로이드 라이트Frank Lloyd Wright의 명성과 아름답기 그지없는 외관 덕분에 연중 내내 뉴요커와 전세계 관광객으로 북적이는데 여행자라면 반드시 한 컷의 사진으로 추억을 기록하는 장소이기도 하다. 구겐하임이 설계에서 완성까지 무려 16년이 걸렸고 정작 프랭크 로이드 라이트는 완공을 지켜보지 못했다는 사실은 꽤 알려진 사실이다. 하지만 오늘날의 구겐하임을 지켜내기 위해 무려 16년간 투쟁의 시간을 보낸 시민들이 있다는 사실을 아는 사람들은 많지 않다. 이 책을 통해 구겐하임이 얼마나 아름답고 혁신적인 건축물인가를 이해하려면 건축학적 지식만으로는 부족하다는 걸 깨달았다. 도시가 역사적 건축물을 갖는다는 것은 그 도시가 시대를 앞서는 혁신적 건축을 허용할 수 있는 역량을 갖고 있을 때 가능하다. 그래서 저자는 훌륭한 건축물을 알아보는 통찰력 있는 발주자, 신념을 꺾지 않는 위대한 건축가, 그리고 그의 결정을 믿고 기다림을 선택하는 시민의 하모니를 주문한다.

평소 저자는 '좋은 도시는 좋은 건축이 많은 도시'라고 입버릇처럼 말해왔다. 그런 그가 만난 세계적 건축의 이야기를 풀어놓을 때마다 빠짐없이 좋은 건축이란 무엇인가 질문을 던지고 독자에게 함께 고민하자고 제안한다.

건축은 시대의 거울이며 사회의 초상이다. 훈데르트바서의 건축을 보며 유독 실용성, 기능성, 효율성을 강조하는 우리의 건축 문화에 대해 많은 생각을 했다. 자연 공간은 경제성을 이유로 배제됐고 불편한 것들은 모두 밀어버렸다. 더 빨리 더 싸게 지을 수 있는 획일적 형태의 건축물에서 사는 것을 자연스럽게 여겼다. 좋은 건축의 기준을 편리하고 기능적이고 실용적인 그리고 무엇보다 부동산으로서 가치에 두었다. 이런 문화에서 건축이 우리의 삶에 어떤 영향을 미치는지 생각하고 이야기할 기회를 갖지 못했다. 대다수가 도시에 거주하며 점점 자연과 단절돼가고 있다. 과연 지금 우리의 삶은 안녕한 걸까?
 – p. 180

저자가 오랫동안 기록해 온 개인의 여행담을 책으로 낸 의도가 읽히는 대목이다. 건축에는 시대정신이 투영된다. 건축에 대한 폭넓은 이해는 필연적으로 이 시대를 살아가는 우리 삶에 대한 성찰로 이어진다. 이는 우리가 여행을 떠나는 목적과도 일맥상통한다. 일이 힘들 때, 기분전환이 필요할 때, 특별한 경험과 재미가 필요할 때, 인생에 위로가 필요할 때 떠나는 여행은 그 목적이 제각각 다양한 듯하다. 하지만 결국 더 나은 삶의 방향을 묻고 답을 찾기 위한 선택이다. 저자는 이와 같은 고민을 하는 사람들에게 동시대의 건축을 찾아 여행을 떠나보라고 권한다. 이 책은 단지 사진으로 남는 여행 이상의 경험이 될 수 있도록 건축을 읽는 안목을 키워준다. 특별한 여행을 계획하는 모든 이들에게 일독을 권한다. 더불어 우리가 살아가는 삶터로서 도시의 방향을 묻고 싶은 사람들에게도 추천한다. 우리의 삶터로서 도시의 미래를 생각하는 좋은 시간이 될 것임을 확신한다. 그런 의미에서 저자의 "건축을 디자인하고 도시의 정체성을 만드는 건 결국 도시에서 살아가는 사람들이다."라는 말이 오래도록 여운을 남긴다.

/ 프롤로그 /

건축을 통해 현재를 성찰하고 미래를 상상한다

건축으로 사람을 읽는다

낯선 도시와 사람을 이해하는 데 가장 좋은 방법은 건축을 읽는 것이다. 도시의 건축에서 만든 사람들의 생각과 감정과 욕망을 읽는 것은 흥미롭다. 도시에 하나의 의미 있는 건축이 탄생하는 과정에는 그럴 수밖에 없었던 시대적 상황들이 존재한다. 나무가 나이테로 세월을 기록하듯 도시는 건축으로 사람들의 삶을 기록한다. 한 사회의 역사, 문화, 가치관이 그대로 투영돼 오랜 세월 보존된다.

우리는 건축에 대해 잘 몰라도 상관없다고 생각한다. 하지만 우리는 주택에서 살고 빌딩과 사무실에서 일하며 학교에서 공부하고 호텔에 묵기도 하고 미술관도 간다. 바로 그 모든 공간에 건축이 있다. 그렇게 건축은 일상의 순간들에 지대한 영향을 미치고 있다. 우리는 건축을 이미 잘 알고 있고 우리는 건축과 더불어 살고 있다. 그래서 건축을 읽는다는 것은 사람을 읽는다는 것이다.

나는 건축을 통해 현재를 성찰해보고 미래를 상상해보는 것이 좋다. 해외 출장을 갈 때마다 도시의 건축을 돌아봤고 그것만으로는 성이 차지 않아 오로지 건축만을 보러 떠나곤 했다. 2017년 아내와 둘이서 스위스 인근 프랑스 시골에 있는 현대건축의 가장 위대한 건축가인 르 코르뷔지에 롱샹 성당Notre Dame Du Haut, Ronchamp을 찾아 파리에서 기차를 몇 번씩 갈아타고 시골길을 걸어가서 찾아갔던 기억이 새롭다. 르 코르뷔지에의 천재성과 위대함을 재확인한 건축 여행이었다.

건축으로 미래를 읽는다

나는 젊은 날 평범한 직장인으로 건설 산업에 뛰어들었다. 그 후 줄곧 전 세계의 건축과 토목 현장을 지켜봐왔다. 한미글로벌이 대형 건설사업의 건설사업관리PM·CM를 업으로 하다 보니 세계의 랜드마크가 지어지는 현장을 지켜볼 수 있었다. 건축물이 세워지고 도시가 변화하는 과정을 지켜보는 것은 경이롭다. 건축은 그 시대의 정신을 기록하고 도시는 건축을 통해 공동체의 정체성을 잇는다.

보통 여행을 간다고 하면 고대 유적지를 찾는다. 하지만 나의 주된 관심은 유적지 못지않게 현대건축이었다. 현재 지어져 있거나 짓고 있는 건축들은 진행형의 역사다. 우리가 과거의 유적을 찾아보고 현재를 보듯 미래 세대는 지금의 건축을 통해 성찰하고 나아갈 방향을 정할 것이다. 그런 생각으로 도시의 건축을 보면 미처 몰랐던 새로운 의미를 발견하게 된다. 특히 한 사회의 변화를 상징하고 방향을 제시하는 위대한 건축을 볼 때면 미래 세대들이 나와 같은 자리에 서서 현시대의 메시지에 귀를 기울이는 장면이 떠오른다. 내가 건축을 통해 과거, 현재, 미래 세대가 연결되는 역사의 흐름에 서 있다고 생각할 때마다 뭉클한 감정이 솟는다. 그런 특별한 경험과 행복을 누리기 위해 여러 도시의 현대건축을 찾는 여행을 멈추기가 어렵다.

건축으로 시대의 고민을 읽는다

나는 오랜 역사를 가진 유럽의 도시들, 산업화를 상징하는 북미의 도시들, 급격한 도시화를 겪으며 정체성을 고민하는 중국의 도시들을 두루 다니면서 시대와 사회의 아이콘이 된 건축을 만났다. 그곳에서 지금 시대의 고민이 무엇인지, 세계의 도시들이 어느 방향으로 달려가는지, 우리의 삶을 담아낼 미래의 도시는 어떤 모습일지 생각하는 시간을 가졌다.

농촌의 도시 집중은 거스를 수 없는 흐름이다. 도시의 밀도는 높아지고 더 크고 더 높은 빌딩으로 채워질 것이다. 내가 만난 위대한 현대건축은 미래 도시의 문제들인 환경, 에너지, 자연과 삶을 고민하는 시대 정신을 담고 있었다. 혁신적인 친환경 하이테크를 통해 에너지 절감이라는 대안을 제시하고 있었다. 또한 자연과 멀어지는 것이 아니라 자연과 융합함으로써 공존하는 방법을 이야기하고 있었다. 그런가 하면 왜 인간의 삶에서 역사를 기억하게 하고 공동체의 정체성을 잇는 도시가 필요한지 메시지를 전하고 있었다. 나는 현대건축이 이토록 깊은 울림을 준다는 사실에 놀랐고 또 그 메시지에 충분히 공감할 수 있었다.

우리는 더 나은 삶이 가능한 도시를 만들기 위해 어떤 건축을 해야 할까? 도시와 건축의 미래는 전문가들이 알아서 할 일이라고 생각하지 말자. 도시의 건축을 바꾸는 것은 바로 우리 평범한 개인들이다. 건축은 현재를 살아가는 우리의 이야기다. 내가 살고 싶은 도시를 그려보고 건축을 대하는 관점을 바꾸어보자. 그럼 도시가 변하고 그 안에서 살아가는 우리 삶의 방향도 바뀔 것이다.

좋은 건축 디자인이 사람을 변화시킨다

좋은 도시는 좋은 건축이 많은 도시다. 특히 공공건축이 중요하다. 우리가 좋은 도시, 살고 싶은 도시를 말할 때 가장 먼저 떠올리는 것이 바로 도시를 대표하는 공공건축이다. 내 공간이 아니어도 함께 사용하는 공간이 편안하고 아름다울 때 공동체의 행복도가 높아지는 건 분명한 사실이다. 도시의 아이콘으로 불리는 건축 중에는 유독 공공건축이 많다. 그 까닭은 단지 보기 좋아서가 아니다. 공동체 다수가 건축이 제공하는 공간과 건축이 변화시킨 주변 환경을 경험하며 삶터로서의 도시를 사랑하게 되었기 때문이다.

아이콘 건축을 보유한 도시들은 공통적으로 매우 치열하게 건축의 디자인 품질을 고민한다. 도시 정책의 중심에는 '디자인 정책'이 있고 공공건축 디자인에 대한 시민의 관심은 때로는 지나치다 싶을 정도로 뜨겁다. 파리의 현대건축을 대표하는 아이콘 퐁피두 센터의 설계도가 공개되었을 때 파리 시민들은 정말 열정적으로 반대했다. 하지만 퐁피두 센터는 빈민 지역 보부르를 살아 있는 문화의 중심지로 바꿔놓았고 그때 조성한 넓은 광장에서 시민들은 일상을 즐긴다. 파리 정부는 역대로 혁신적인 디자인의 공공건축을 과감하게 선택해왔다. 물론 그때마다 시민들은 적극적으로 갑론을박 논쟁에 뛰어들었다. 좋은 디자인의 건축이 더 나은 도시를 만든다는 사실을 잘 알고 있기에 나타나는 현상이다. 파리를 상징하는 에펠탑과 루브르 박물관의 유리 피라미드도 이런 고된 진통 속에서 탄생했다. 그래서 결과는 어떠한가. 이들 공공건축물로 인해 파리는 세계에서 가장 아름다운 도시가 되었다. 파리지앵의 콧대 높은 자부심은 좋은 디자인의 건축에서 비롯되었다고 해도 과언이 아니다.

좋은 디자인이란 아름다운 경관의 설계만을 의미하지 않는다. 도시 디자인은 사람들이 장소를 사용하는 방식을 결정하는 매우 중요한 일이다. 좋은 디자인은 사람들이 공간을 더 좋은 방식으로 공유하도록 하고, 좋은 공간의 경험은 삶의 질을 높인다.

영국 런던은 도시 정책으로서 '굿 디자인good design' 운동의 표본이 되는 도시다. 2000년부터 본격적으로 추진되고 있는 '더 좋은 공공건축물 운동'을 통해 공공건축의 디자인 품질을 높이는 데 주력하고 있다. 좋은 디자인으로 도시의 근본적 변화를 추진하는 게 목적이다. 런던의 건축이 얼마나 좋은 디자인으로 설계되고 있으며 실질적으로 도시를 어떻게 변화시키고 있는지는 현장에서 직접 체험할 때 생생하게 알게 된다. 가령 런던의 테이트 모던 미술관에 가면 먼저 전혀 미술관스럽지 않은 건물외관에 놀란다. 그리고 실내의 창조적인 공간디자인에 다시 한 번 놀란다. 그리고는 곧 좋은 디자인의 건축이 창출한 도시의 문화, 사회, 경제적 가치를 눈으로 확인하며 감동받는다. 테이트 모던 미술관은 버려진 발전소 건물을 재생함으로써 낙후된 지역의 경제를 살렸고 런더너 Londoner들의 라이프 스타일을 새롭게 창조했다.

좋은 건축이 살기 좋은 도시를 만든다

도시는 언제나 '사람을 위한 더 나은 건축'을 지음으로써 진화한다. 단지 테이트 모던 미술관뿐인가. 베를린, 뉴욕, 파리, 빌바오, 헬싱키, 빈, 시드니, 마르세유, 항저우, 말뫼 등에서 나는 좋은 건축이 어떻게 도시의 희망을 만들고 있는지 보았고 또 들었다. 여행 내내 좋은 건축과 좋은 디자인은 사랑을 나누는 일이고 인간의 행복을 증진 시키는 숭고한 행위라는 믿음을 다시 한번 확인했다.

건축에 대한 시야를 넓히는 방법의 하나로 지금 사는 '이 공간'에서 벗어나 남들이 사는 '저 공간'으로 시선을 옮겨보길 권한다. 여행을 할 수 있으면 좋다. 만약 그럴 수 없다면 건축을 주제로 편하게 대화를 나눠보는 것도 좋다. 이 책에는 그럴 때 도움이 되도록 각 도시의 의미 있는 건축을 소개하고 있다. 오랫동안 틈틈이 기록해온 내용이다. 시대의 상징이 된 건축을 보며 '왜 지었을까?' '누가 지었을까?' '어떻게 지었을까?' '도시와 개인의 삶에 어떤 일들이 생겼을까?' 질문하고 답을 하며 생각을 정리했다. 그리고 창조, 공존, 신념, 희망이야말로 공동체의 더 나은 삶을 위해 되새겨야 할 불변의 가치라는 사실을 확인했다.

건축이라는 대상이 다소 어렵게 느껴질 수 있다. 하지만 도시의 건축을 이해하기 위해 꼭 전문가가 될 필요는 없다. 그저 약간의 호기심 정도면 충분하다. 어떤 건축이 도시를 더 좋게 만들고 사람들에게 행복한 경험을 줄 수 있을까? 꼭 필요한 질문이다. 건축을 보는 좋은 관점은 좋은 건축을 가능하게 하고 좋은 건축은 사람이 행복한 도시를 만들 수 있다. 이 책에 소개된 건축 스토리가 우리 미래의 도시와 삶을 상상하는 즐거운 경험의 출발점이 되길 바란다.

2022년 초여름 김종훈

 차례

추천사 특별한 현대건축 여행 안내서다(최정우, 포스코그룹 회장) • 5

프롤로그 건축을 통해 현재를 성찰하고 미래를 상상한다 • 9

1장 | 건축, 역사를 기록하고 현재를 창조하다 • 21

|독일 베를린| 베를린 유대인 박물관
: 베를린은 과거를 잊지 않는다 • 23

홀로코스트를 건축으로 기록하다 • 28
기억의 공간에서 보고 듣고 느끼다 • 30
건축 공간으로 사람들과 대화하다 • 39
　　다니엘 리베스킨트 • 040

|미국 뉴욕| 9·11 메모리얼 파크
: 아픔은 기억함으로써 치유된다 • 47

쌍둥이 빌딩 자리를 기억의 약속으로 채우다 • 52
동판에 새긴 3,000개 이름으로 부재를 반추하다 • 55
일상의 공간에서 추모하며 공동체와 역사를 생각하다 • 59
　　마이클 아라드 • 64
　　피터 워커 • 65

|중국 항저우| 중국미술학원 샹산캠퍼스
: 시공간을 건너 과거와 소통한다 • 69

대학 건물의 전형성을 탈피해 랜드마크가 되다 • 74
철거 건물의 기와와 벽돌과 나무와 흙을 재활용해 짓다 • 80
디자인이 아니라 지역의 맥락을 해석해야 지역성 회복이다 • 83
　　왕슈 • 85

|영국 런던| 테이트 모던 미술관
: 런던은 부수지 않고 새로워진다 • 91

외관을 보전하고도 가장 현대적인 미술관이 되다 • 96
과거와 현재 그리고 사람과 공간을 연결하다 • 98
사람이 중심인 미술관에서 문화와 공간을 향유하다 • 105
　　자크 헤르초크와 피에르 드 뫼롱 • 110

2장 건축, 인간과 도시와 자연의 공존을 말하다 • 115

| 일본 나오시마 | 나오시마
: 건축, 자연, 예술, 그리고 삶이 녹아든다 • 117

　　산업폐기물 섬이 예술 공간이 되다 • 121
　　문화예술의 공간에 생활이 들어서다 • 126
　　땅속을 빛과 그림자로 신비롭게 만들다 • 131
　　🍃 안도 다다오 • 137

| 핀란드 헬싱키 | 템펠리아우키오 교회
: 인간이 만들고 자연이 완성한다 • 143

　　빛을 활용하면서 주변 환경에 스며들다 • 147
　　자연과 사람의 공존을 이야기하다 • 150
　　180개 창문으로 쏟아지는 빛이 공간을 채우다 • 153
　　🍃 티모와 투오모 수오말라이넨 • 159

| 오스트리아 빈 | 훈데르트바서 하우스
: 시대를 앞선 철학으로 자연의 집을 짓다 • 163

　　누구나 자신의 공간을 창조할 권리가 있다 • 167
　　자연과 인간이 공생하는 건축을 꿈꾸다 • 171
　　색채 마술의 공간에 일상의 삶을 담다 • 175
　　🍃 프리덴스라이히 훈데르트바서 • 181

| 미국 샌프란시스코 | 샌프란시스코 현대미술관
: 땅을 기억하는 건축으로 도시에 뿌리내리다 • 187

　　벽돌과 석재로 기념비적 건축을 짓다 • 192
　　창문 없는 건물에서 자연의 빛을 만나다 • 195
　　환경이 변하면 건축도 변화해야 한다 • 200
　　🍃 마리오 보타 • 204

3장 | 건축, 철학과 신념을 담아 작품이 되다 · 209

|프랑스 파리| 퐁피두 센터
: 파리의 잃어버린 명성을 되찾다 · 211

문화 프로젝트로 '왕년의 문화 왕국' 위상을 되찾다 · 215
파리 시민들은 도시와 건축물에 대한 관심이 높다 · 219
건물의 안쪽 기능적 시설들을 바깥쪽에 배치하다 · 221
   렌초 피아노 · 227
   리처드 로저스 · 231

|미국 뉴욕| 솔로몬 구겐하임 미술관
: 미술품보다 위대한 미술관이 되다 · 235

사각형 빌딩의 도시 뉴욕에서 고정관념을 깨다 · 239
외부 환경의 변화에 적응해 새로운 공간이 되다 · 241
산책하듯 거닐며 건축과 예술을 경험하게 하다 · 247
   프랭크 로이드 라이트 · 252

|호주 시드니| 시드니 오페라 하우스
: 도전과 좌절의 시간이 위대함을 빚다 · 257

구사일생으로 살아났지만 곱사등이로 조롱받다 · 261
건축 기술을 개발해가며 포기하지 않고 도전하다 · 266
현실의 벽을 극복해 불후의 위대한 작품이 되다 · 270
   요른 웃손 · 277

|프랑스 마르세유| 위니테 다비타시옹
: 건물이 아닌 인간을 위한 도시를 꿈꾸다 · 281

건축의 중심에 인간을 두고 고민하다 · 285
위니테 다비타시옹은 현대건축의 시작이다 · 287
행복한 도시에는 행복한 건축이 있다 · 293
   르 코르뷔지에 · 296

4장 | 건축, 눈물을 씻어주고 희망을 품게 하다 · 301

| 스페인 빌바오 | 빌바오 구겐하임 미술관
: 예술작품이 된 미술관이 도시를 살리다 · 303

    금빛 티타늄의 건축이 예술작품이 되다 · 308
    빌바오 효과의 진짜 힘은 감동적인 스토리다 · 312
    세계 건축가들의 흔적을 찾아 산책하며 머무르다 · 316
    🌿 프랭크 게리 · 318

| 스웨덴 말뫼 | 터닝 토르소
: 말뫼의 눈물을 씻고 도시의 자부심을 심다 · 325

    미래적인 도시 이미지를 만들다 · 329
    사각형 빌딩의 고정관념을 벗어나다 · 332
    친환경 도시와 지속가능한 미래의 상징이 되다 · 335
    🌿 산티아고 칼라트라바 · 337

| 싱가포르 마리나 베이 | 마리나 베이 샌즈
: 꿈의 건축으로 세계적 명소를 만들다 · 343

    유적 하나 없이 건축만으로 관광산업 일으키다 · 346
    누구도 상상하지 못했던 21세기 피사의 탑을 건설하다 · 349
    현대건축의 혁신적 디자인으로 미래의 꿈을 만들어가다 · 354
    🌿 모셰 사프디 · 357

| 미국 뉴욕 | 엠파이어 스테이트 빌딩
: 대공황기 미국의 심장에 희망을 켜다 · 363

    세계의 경제 수도 뉴욕에 높이 경쟁의 포문을 열다 · 368
    20세기 현대건설의 '7대 불가사의'의 기록을 쓰다 · 374
    🌿 슈리브, 램 앤드 하몬 설계회사 · 380

에필로그 · 382
부록 현대건축사조 · 385
참고문헌 · 393

1장

건축, 역사를 기록하고
현재를 창조하다

도시에는 시민을 묶어줄 공간이 있어야 한다. 중요한 광장이나
장소는 과거의 상처 위에 세워져 도시의 상징으로 자리잡는다.
— 마이클 아라드 Michael Arad

|독일 베를린|

베를린 유대인 박물관

: 베를린은 과거를 잊지 않는다

독일의 베를린은 기억의 도시다. 제2차 세계대전 당시 나치스가 자행한 홀로코스트 범죄에 대한 참회 방식은 건축을 통한 기록이었다. 베를린은 빠르게 변화하며 미래로 나아가는 동시에 과거를 기록하고 희생자를 추모하기 위한 건축물에도 기꺼이 공간을 내준다. 2001년 개관한 베를린 유대인 박물관 Jewish Museum Berlin은 폴란드계 유대인이자 미국을 대표하는 건축가 다니엘 리베스킨트Daniel Libeskind의 작품이다.

베를린 유대인 박물관의 특징은 그날의 역사를 오감으로 느낄 수 있다는 것이다. 공간이 들려주는 이야기에 귀를 열면 그때의 비극적인 감정을 느끼게 되고 심장이 뜨거워진다. 메모리얼 건축의 본질은 과거에 대한 성찰이다. 베를린 유대인 박물관은 그 본질에 충실하다. 통일 독일의 수도 베를린의 한가운데서 역사의 비극을 증언하고 있다. 베를린 유대인 박물관은 죽기 전에 꼭 한 번은 방문해봐야 할 건축으로 꼽힌다.

소재지: 독일 베를린
건축가: 다니엘 리베스킨트
완공: 2001년

　독일의 베를린은 낯선 방문자들에게 다양한 얼굴을 보여주는 도시다. 현재 유럽에서 가장 주목받는 예술의 도시답게 힙한 면모를 자랑한다. 베를린 장벽이 무너진 후 구 동베를린 지역의 낡은 건축물들은 예술가들의 창작을 위한 공간으로 변신했다. 베를린은 가난하지만 젊고 실험적인 예술가들을 지원했고 수십 년의 세월 동안 400여 개의 갤러리와 130여 개가 넘는 박물관 등으로 채워졌다. 직접 가보지는 못했지만 젊은 사람들이 열광하는 클럽 문화 역시 세계 최고 수준이라고 한다. 세계적인 DJ들이 이곳 베를린에서 활동하기 때문이다.

　그런가 하면 베를린의 광장이자 관광 명소인 포츠담 광장은 역동적이고 미래 지향적인 또 다른 얼굴을 보여준다. 광장 주변은 멋스러운 현대건축물들로 즐비하다. 렌초 피아노Renzo Piano, 노먼 포스터Norman Foster, 리처드 로저스Richard Rogers, 렘 콜하스Rem Koolhaas 등 스타 건축가들이 설계한 건물들을 한 장소에서 감상할 수 있다. 하지만 베를린을 구석구석 여행하면서 가장 눈을 사로잡는 건 단연 지난 역사의 상흔을 기억하기 위해 세운 조형물과 건축물들이다.

독일은 20세기에만 두 차례에 걸쳐 세계대전을 주도했고 유대인 대학살의 범죄를 저질렀다. 패전국의 수도로서 베를린은 철저하게 파괴됐고 전후 독일의 분단과 함께 도시가 동서로 갈라지는 아픔을 겪었다. 동독과 서독 그리고 동베를린과 서베를린은 남과 북으로 분단된 한국과 함께 20세기 냉전 시대의 상징이었다. 그러다가 마침내 1989년 11월 베를린 장벽이 무너졌고 다음 해 통일을 이루었다. 베를린은 다시 통일 독일의 수도가 됐다. 그 후로 줄곧 다양한 건축물을 통해 참혹했던 역사의 희생자들을 직설적인 화법으로 추모하고 있다. 도시의 이곳저곳을 거닐다가 만나게 되는 추모 공간에서 과거의 기억을 현재로 소환한다. 사람들이 베를린을 기억의 도시로 부르는 이유다.

베를린에는 브란덴부르크 문, 학살된 유럽 유대인을 위한 기념물, 옛 베를린 장벽의 검문소인 체크포인트 찰리 등 명소가 많다. 그중에서 딱 한 곳을 꼽으라면 베를린 유대인 박물관이다. 독일 여행 중에 가장 뜨거운 감정으로 마주했던 건축물이다. 베를린시가 세운 여러 추모 건축물 중 목적성과 예술성을 다 갖추었다. 강렬한 인상을 주는 독특한 외관과 창의적으로 설계된 공간들은 관람객들에게 구구절절 설명하지 않는다. 방문자들은 조용히 공간을 경험하는 것만으로도 그 의미를 이해할 수 있다. 과거의 갈등과 파괴의 시간을 기억하게 하면서 동시에 인간의 존엄성을 생각하게 한다. 왜 바른 역사의식이 필요한지 생생하게 일깨워주는 것이다.

베를린 유대인 박물관 외관 | 강렬한 인상을 주는 독특한 외관과 창의적 공간들은 방문자들이 공간을 경험하는 것만으로도 그 의미를 이해할 수 있다.

홀로코스트를 건축으로 기록하다

베를린 유대인 박물관은 논의부터 개관까지 숱한 우여곡절을 겪었다. 독일 통일 전인 1962년에 서독의 유대인 공동체는 나치 정부가 1938년 폐쇄한 유대인 박물관의 재개관을 요구했다. 그 후로 13년이 지난 1975년 베를린시 의회가 유대인 박물관의 건립을 결정했다. 하지만 어디에 어떤 방식으로 건립할지에 대한 의견이 대립해 긴 시간을 보내야 했다. 드디어 1989년 과거 베를린 박물관 자리에 새로운 건물을 짓기로 했고 공모를 통해 유대계 미국인 건축가 다니엘 리베스킨트Daniel Libeskind를 선정했다.

당시 다니엘 리베스킨트는 폴란드에서 태어나 미국으로 이주하여 세계적 건축대학인 뉴욕의 쿠퍼 유니언에서 공부한 뒤 건축학자로 활동하고 있었다. 실제로 건축물을 완성해본 경험은 없었다. 베를린 유대인 박물관을 통해 학자에서 건축가로서 새로운 경력을 쌓았고 명성을 얻었다. 그에게 베를린 유대인 박물관은 여러모로 행운의 작품이긴 하지만 시작부터 꽤 힘든 과정을 겪어야 했다. 그가 건축가로 선정되자마자 베를린 장벽이 무너졌고 독일 통일이 급물살을 탔다. 그러면서 박물관 건립 예산에 문제가 생겼고 건립 계획 자체가 중단될 위기에 처했다. 그는 설계를 수정해가며 공사비를 낮춰 간신히 계획을 살려냈다. 하지만 그것으로 위기가 끝나지 않았다.

그가 독일인이 아니라 미국으로 이주한 폴란드계 유대인이라는 사실이 정치적 논쟁의 대상이 된 것이다. 독일은 제2차 세계대전 때 폴란드를 침공했고 당시 그곳에 거주했던 유대인들이 나치 정부의 집중적인 핍박을 받았다. 그는 홀로코스트의 아픔을 잘 알고 있었다. 나치의 유대인 수용소에서 극적으로 살아남은 부모에게 어릴 적부터 유대인 대학살의 잔혹상에 대해 들으며 자랐기 때문이다. 그가 43세가 될 때까지 학자로서만 활동하다가 베를린 유대인 박물관 건축 공모전에 뛰어든 데는 그런 배경도 적지 않은 영향을 주었을 것이다.

그는 공모전에 선정됨으로써 역사적 화해를 위한 프로젝트가 시작되었다. 그럼에도 유대계 미국인 건축가는 안 된다는 주장이 나왔다. 완전히 취지에 맞지 않는 비논리적인 주장이었다. 하지만 베를린시 상원은 반대 목소리가 높아지자 박물관 건립 계획을 취소해버렸다. 모든 노력이 허무하게 끝날 것만 같았다. 그런데 뜻밖에도 박물관 프로젝트를 되살려낸 사람은 다니엘 리베스킨트의 아내 니나 리베스킨트Nina Libeskind였다. 그는 크게 실망한 남편을 대신해 전 세계 유대인 유력 인사들에게 편지를 써서 베를린시 의회의 결정이 부당하다는 사실을 알렸다. 동시에 언론들과 접촉해 베를린 유대인 박물관이 반드시 건립돼야 하는 이유를 설명했다. 니나 리베스킨트의 열정적인 대처는 큰 효과가 있었다. 베를린시 의회가 3개월 만에 상원의 결정을 뒤집고 박물관을 다시 건립하기로 의결한 것이다.

드디어 1999년 박물관의 1차 개관식이 열렸다. 당시 개관식에 참석한 게르하르트 슈뢰더Gerhard Schroder 총리는 현장에서 다니엘 리베스킨트의 아버지와 만났다. 홀로코스트의 희생자가 될 뻔했던 유대인 남자의 아들이 건축가가 돼 독일의 심장 베를린에 유대인 박물관을 지었고, 제2차 세계대전 때 독일군으로 참전한 남자의 아들은 독일 총리가 됐다. 그 두 가족이 만난 것이다. 슈뢰더 총리는 유대인 건축가의 아버지 앞에 무릎을 꿇었다. 그날 슈뢰더 총리가 진심 어린 사과와 감사를 전하는 장면은 독일 사회에 깊은 인상을 남겼다.

유대인 박물관은 건축적으로 이미 화제의 건축물이 되었기 때문에 특이하게 유물 없이 건물을 일반에게 개방했다. 그리고 2년 후 2001년 베를린 유대인 박물관은 정식으로 개관했다. 독일 언론들은 박물관 개장을 대서특필하면서 1999년 슈뢰더 총리가 무릎을 꿇은 사건을 언급하며 "그날 저녁 베를린이 성숙해졌다."라는 말로 유대인 박물관의 의미를 설명했다. 박물관이 독일의 과거를 성찰하는 상징임을 선포한 것이다. 2001년 55세가 된 다니엘 리베스킨트는 자신의 첫 작품으로 세계적인 건축가의 명단에 오르는 극적인 스토리의 주인공이 됐다.

기억의 공간에서 보고 듣고 느끼다

린덴슈트라세 9-14번지. 베를린 유대인 박물관에 도착하면 먼저 주황색 지붕의 고전적이고 화사한 2층 건물과 마주친다. 유럽에서 흔히 볼 수 있는 바로크 양식의 건물이다. 원래는 옛 프로이센 법원으로 건축됐고 나치가 폐쇄하기 전까지 유대인 박물관으로 사용됐다. 역사가 있는 건물이지만 방문자들은 관심을 두지 않는다. 바로 옆 범상치 않은 건축물이 시선을 독점해버리기 때문이다.

입면 디자인 | 마치 칼로 난도질한 듯 길게 찢어진 형상의 창문은 나치의 학살로 희생된 수백만 유대인의 고통을 상징한다.

공중에서 본 유대인 박물관 | 지그재그 라인으로 아홉 번 구부러진 형태는
유대 민족의 상징인 다윗의 별을 형상화한 것이다.

아연도금을 한 짙은 회색의 금속성 패널 파사드façade가 인상적이다. 바로 이 건물이 다니엘 리베스킨트가 설계한 유대인 박물관이다. 마치 칼로 난도질한 듯 길게 찢어진 형상의 창문은 나치의 학살로 희생된 수백만 유대인의 고통을 상징한다. 공중에서 보면 건물이 지그재그 라인으로 아홉 번 구부러지는 형태다. 유대 민족의 상징인 다윗의 별을 형상화한 것이다.

이 독특한 건물은 출입구가 없다. 외벽의 갈라진 틈으로 난 창이 전부다. 서늘한 느낌을 주는 금속성 외피와 문이 없는 건물에서 외부와 단절된 외로움과 고립된 슬픔이 읽힌다. 이곳으로 들어가려면 옛 유대인 박물관의 지하 통로를 이용해야만 한다. 독일의 고전 건축양식을 보여주는 옛 유대인 박물관과 리베스킨트 빌딩으로 불리는 새 유대인 박물관은 각각 독일과 유대인의 역사를 의미한다.

구관(좌)과 신관(우) | 고전적 바로크 양식의 구관은 독일의 역사를 의미하고 금속성 패널 파사드의 신관은 유대인의 역사를 의미한다.

박물관으로 이어지는 지하복도 | 창과 하늘을 통해 들어오는 빛과 벽이 연출하는 공간 분위기는 마치 시간여행의 길로 들어서는 듯한 착각을 불러일으킨다.

다니엘 리베스킨트는 박물관 입구를 옛 건물의 지하로 연결함으로써 두 역사는 겉으로 드러나지 않을지라도 서로 연결돼 있으며 분리될 수 없다는 메시지를 전한다.

유대인 박물관의 백미는 전형적인 박물관과 다른 내부의 공간 연출이다. 박물관으로 이어지는 깊은 계단과 지하 복도는 마치 시간여행의 길로 들어서는 듯한 착각을 불러일으킨다. 창과 하늘을 통해 들어오는 빛과 벽이 연출하는 공간 분위기는 전시물보다 더 강렬한 감정을 체험하게 한다.

나니엘 리베스킨트는 박물관의 건축 개념을 '선과 선 사이between the lines'라고 설명한다. 건축에서 선이란 존재, 부재, 그리고 역사 속 시간의 흐름을 통합하는 것이다. 그의 해석대로 박물관 내부는 연속적으로 이어지는 동선을 따라 처참한 과거, 참회하는 현재, 미래의 공간으로 구성돼 있다. 하나의 선을 따라 과거와 현재를 동시에

박물관의 건축 개념 '선과 선 사이' | 박물관 내부는 연속적으로 이어지는 동선을 따라 과거, 현재, 미래의 공간으로 구성되어 있다.

추방의 정원 | 독일에서 추방된 유대인들의 이민 경로를 상징하며 똑같은 높이의 콘크리트 기둥 49개 위에 인내와 영광을 의미하는 올리브 나무가 자란다.

놓고 자연스럽게 미래의 역사를 생각하도록 유도하는 건축가의 스토리텔링이 뛰어나다.

 박물관 안에는 세 곳의 명소가 있다. 하나는 독일에서 추방된 유대인들의 이민 경로를 상징하는 '추방의 정원'이다. 똑같은 높이의 콘크리트 기둥 49개가 똑같은 간격으로 서 있다. 기둥 위에는 인내와 영광을 상징하는 올리브 나무가 자란다. 사람들은 기둥들 사이와 정원 주변을 걸을 때마다 바닥이 울퉁불퉁하고 평탄치 않아 혼란을 느낀다. 마치 유대인 화장터의 묘비석을 연상케 하는 기둥 사이에서 추방당한 자들이 느꼈을 절망과 상실의 고통이 무겁게 다가온다.

 또 하나는 '홀로코스트 타워'다. 높은 콘크리트 벽체로 사방이 막

홀로코스트 타워 | 높은 콘크리트 벽체로 사방이 막힌 공간과 꼭대기의 작은 틈으로 스며드는 가냘픈 빛은 수용소에 갇힌 유대인들이 느꼈을 공포를 체험하게 한다.

힌 공간은 꼭대기의 작은 틈으로 스며들어온 가냘픈 빛이 전부다. 자기 발이 안 보일 정도로 어둡다. 수용소 안의 유대인들이 삶을 희망하기 어려운 순간에 느꼈을 공포를 어렵지 않게 상상할 수 있다.

박물관의 하이라이트는 '기억의 공간'이다. 높은 콘크리트 벽 사이 좁은 공간의 바닥에 이스라엘 현대미술가 메나셰 카디시만Menashe Kadishman의 「낙엽」이라는 작품이 깔려 있다. 바닥에 깔린 1만여 개의 철로 만든 얼굴 형상이 밟을 때마다 요란한 소리를 낸다. 유대인 희생자들의 절규를 의미한다. 설치작품이라는 것을 알면서도 희생된 영혼의 비명처럼 들리는 탓에 한 걸음 한 걸음을 옮기기가 쉽지 않다.

기억의 공간 | 높은 콘크리트벽 사이 바닥에 깔린 1만여 개의 철로 만든 얼굴 형상을 밟을 때마다 나는 철이 부닥치는 소리는 유대인 희생자들의 절규를 의미한다.

건축 공간으로 사람들과 대화하다

유대인 박물관은 공간으로 사람들과 대화하는 건축물이다. 유대인의 역사와 관련된 많은 전시물이 있지만 박물관에 들어서는 순간 건축물이 주는 메시지에 빠르게 동화되기 때문에 오랫동안 머릿속을 채우는 기억도 공간에 대한 것이 대부분이다. 전시품이 없어도 오직 건물만으로 유대인의 역사적 비극을 체감하도록 한 건축가의 특별한 재능에 감탄하지 않을 수 없다.

대립과 갈등은 결국 무참한 폭력으로 이어진다. 역사는 잘못을 깨닫지 않으면 끝없이 반복된다고 말하고 있다. 현재를 사는 인간은 역사의 교훈을 얼마나 이해하고 있을까? 독일이 과거 홀로코스트의 비극을 숨기지도 부정하지도 않고 그대로 기록함으로써 과거를 성찰하려고 하는 것이 다른 나라의 이야기로만 생각되지 않는다. 우리 역시 같은 시기 겪은 역사의 아픔이 있기 때문이다. 과거 침략의 역사를 반성하기는커녕 여전히 극우주의적 사고로 역사를 왜곡하는 또 다른 전범 국가 일본의 거침없는 행보는 피해국이 상처를 치유할 기회마저 빼앗고 있다. 일본의 '참회'를 기대하는 건 그저 우리의 허망한 욕심일 뿐인 걸까.

역사를 바꿀 수는 없지만 잘못을 참회하는 것은 의미가 있다. 독일이 건축을 통해 부끄러운 과거의 이야기를 도시에 새기는 것은 잘못을 기록하여 오랫동안 후대에 알리는 것이 가해자와 피해자의 아픔을 모두 치유하는 방법이라는 것을 잘 알기 때문이다. 역사의 잘못을 성찰해야만 비로소 화해의 미래가 가능하다는 진리를 베를린 유대인 박물관은 말하고 있었다.

다니엘 리베스킨트

다니엘 리베스킨트는 1989년 베를린 유대인 박물관 설계 현상 공모에 당선되며 일약 건축계의 스타로 떠올랐다. 그는 2003년에 9·11테러로 무너진 뉴욕 세계무역센터의 재건축을 담당하면서 세계가 가장 주목하는 건축가가 됐다.

1946년 폴란드에서 태어나 1965년 미국 뉴욕으로 이주했다. 어릴 때부터 음악과 미술에 재능을 보였던 그의 꿈은 예술가였다. 그러나 "예술가는 건축을 못 하지만 건축가는 예술을 할 수 있다."라는 어머니의 조언을 듣고 진로를 건축으로 바꿨다. 1970년 세계적 건축대학교인 뉴욕의 쿠퍼 유니언에서 건축을 공부했고 1972년 영국의 에섹스 대학원에서 건축이론과 건축역사를 공부했다. 그는 베를린 유대인 박물관의 설계를 맡기까지 줄곧 영국과 미국의 여러 대학에서 건축학을 강의했다.

베를린 유대인 박물관은 다니엘 리베스킨트의 '건물은 콘크리트, 철, 유리로 지어지나 실제로는 사람들의 가슴과 영혼으로 지어진다.'라는 건축관이 잘 드러난 작품이다. 우리는 공간을 경험하는 것만으로도 유대인이 겪었던 고통을 느낄 수 있다. 왜 그를 해체주의* 건축의 대가라고 하는지 깨닫게 한다. 그는 자신이 설계한 공간 안에서 사람들이 시간과 경계를 해체하는 경험을 하도록 유도하는 탁월한 건축가다.

다니엘 리베스킨트는 낙천주의적 예술가로도 평가된다. 노먼 포스터, 리처드 마이어, 피터 아이젠먼 등 세계적 건축가들을 제치고

---

* 부록- 해체주의 건축 참고

뉴욕 그라운드 제로의 마스터 플랜을 맡았다. 그는 비극에서 긍정의 요소를 발견해 건축으로 재생산해내는 탁월한 능력을 인정받았다. 어릴 적 폴란드 공산 정권 아래서 차별을 겪었고 이스라엘을 거쳐 미국으로 이주하며 겪은 이방인의 감정과 경험이 자신의 건축에 투영됐다고 말한 적이 있다. 그는 기존의 틀을 부수어 해체하고 다시 꿰어 맞추는 방식으로 건축의 아이디어를 얻는다. 개념을 해체하는 과정에서 빛, 소리, 보이지 않는 영혼, 역사, 장소에 대한 감각 등에서 영감을 얻는다. 그의 대표작 중 하나인 영국의 노스 임페리얼 전쟁 박물관Imperial War Museum North을 설계할 때도 도자기 주전자를 던져서 깨뜨린 후 파편을 조합하는 방식으로 아이디어를 떠올렸다고 한다.

다니엘 리베스킨트의 작품들, 독일의 펠릭스 누스바움 미술관Felix Nussbaum Haus, 영국의 노스 임페리얼 전쟁 박물관, 캐나다의 로열 온타리오 박물관Royal Ontario Museum 등은 역동적이고 조형미가 뛰어나다는 공통적인 특징이 있다. 국내에도 그의 건축물이 있다. 건축 당시 파격적인 외관으로 화제가 됐던 서울 삼성동 현대산업개발 사옥으로 국내에 이름을 알린 다니엘 리베스킨트는 부산 해운대 아이파크를 통해 기하학적 선과 날카로운 매스 등 자신의 건축적 특징을 유감없이 선보였다. 그는 건축을 "기술이나 이론이 아니라 삶과 역사와 전통에 바탕을 둔 인문과학입니다."라고 설명한다. 건축은 단순한 콘크리트 덩어리가 아니라 사람들에게 '이야기를 들려주는 공간'이라는 철학이 전 세계 사람들의 깊은 공감을 끌어낸다.

독일 오스나부뤼크의 펠릭스 누스바움 미술관

영국 맨체스터의 노스 임페리얼 전쟁 박물관

캐나다 토론토의 로열 온타리오 박물관

서울 삼성동의 현대산업개발 사옥

부산 해운대 아이파크와 파크하얏트 ⓒ부산시

| 미국 뉴욕 |

9·11 메모리얼 파크

: 아픔은 기억함으로써 치유된다

9·11 메모리얼9·11 Memorial & Museum은 2001년 9월 11일 이슬람 테러 조직의 공격으로 무너진 미국 뉴욕의 세계무역센터 자리에 들어선 추모 광장이다. 미국은 이 현장을 그라운드 제로라 명명하고 총 6만 4,733제곱미터 대지의 절반에 해당하는 공간을 추모 공원으로 조성했다. 뉴욕의 최고층 빌딩이었던 쌍둥이 빌딩이 있던 자리는 그대로 두 개의 거대한 인공폭포가 됐고 나머지 부지에 박물관과 참나무 숲이 들어섰다.

9·11 메모리얼 파크의 핵심 건축물인 인공폭포 설계는 당시 34세의 이스라엘 출신 미이클 아라드Michael Arad가 맡았고 조경은 세계적인 조경 전문가 피터 워커Peter Walker가 맡았다. 9·11 메모리얼 파크는 과거의 아픔을 잊지 않고 기억함으로써 다시는 반복하지 않을 수 있다는 역사적 성찰의 공간이다.

소재지: 미국 뉴욕
건축가: 마이클 아라드, 피터 워커
완공: 2011년

미국 뉴욕은 건축을 사랑하는 도시다. 뉴욕에서는 어느 술집에 가도 건축가 한두 명은 꼭 있다는 우스갯소리가 있다. 그 정도로 전 세계의 건축가들이 꿈을 이루기 위해 찾아오는 도시다. 오래전부터 세계적 건축가들이 진검승부를 펼치는 경연장이었다. 뉴욕의 랜드마크가 되기 위한 건축물들의 경쟁은 지금도 진행형이다. 그

9·11테러 이전 뉴욕의 세계무역센터 전경

9·11테러 당시의 장면 | 2001년 9월 11일 전 세계 사람들은 110층의 쌍둥이 빌딩이 비행기 자살테러로 무너지는 장면을 목격했다.

중에서도 유독 마천루의 경쟁이 치열하다. 세계 금융의 중심 도시로서 뉴욕의 경제적 위상을 보여주는 상징으로 고층 빌딩을 빼놓을 수 없기 때문이다.

세계에서 고층 빌딩이 많은 도시 중 하나인 뉴욕에서 독보적인 존재감으로 도시의 스카이라인을 지켰던 빌딩은 세계무역센터였다. 두 개가 나란히 선 쌍둥이 빌딩의 높이는 각각 417미터, 415미터로 뉴욕에서 가장 높은 빌딩이자 미국의 경제적 힘과 자부심을 상징하는 아이콘이었다. 적어도 2001년 9월 그날이 오기 전까지는 그랬다.

2001년 9월 11일은 역사적 참사가 발생한 날이다. 평범했던 가을 아침 전 세계 사람들은 뉴스 생중계로 110층의 쌍둥이 빌딩이 비행기 자살테러로 무너지는 장면을 목격했다. 그날 2,753명의 소

중한 목숨이 세상을 떠났다. 누구도 상상하지 못한 참사가 눈앞에서 벌어진 것이다. 뉴욕 시민들은 일상의 삶이 언제든 무너질 수 있다는 사실에 충격을 받았고 폭력이 다시 반복될 수 있다는 공포가 도시를 짓눌렀다.

 미국은 9·11 테러의 상처를 치유하고 극복하는 방법으로 '기억'을 선택했다. 무너져 내린 쌍둥이 빌딩 자리에 추모의 공간인 9·11 메모리얼 파크9·11 Memorial Park를 조성하기로 한 것이다. 아픔은 잊는 게 아니라 오히려 기억함으로써 치유할 수 있다고 믿었기 때문이다. 미국인들은 안타까운 희생을 영원히 기억하고 두 번 다시 똑같은 일을 반복하지 않겠다고 다짐했다. 그래서 세계에서 가장 비싼 땅 뉴욕 맨해튼의 3만 2,375제곱미터에 달하는 거대한 대지를 온전히 기억을 위한 공간으로 조성했다.

쌍둥이 빌딩 자리를 기억의 약속으로 채우다

2001년 9·11 테러가 일어나고 두 달 후 미국 뉴욕을 찾게 됐다. 출장길이라 일정이 넉넉지 않았지만 어렵게 짬을 내 참사의 현장으로 달려갔다.

9·11 테러로 완전히 파괴된 세계무역센터는 엄청난 규모의 상업용 복합건물이었다. 6만 4,736제곱미터 대지에 7개 빌딩과 거대한 광장과 지하 쇼핑몰이 있고 중심에는 테러의 주요 목표물이었던 쌍둥이 빌딩이 자리한 구조였다. 쌍둥이 빌딩 붕괴 충격으로 7개의 월드 트레이드 센터 또한 모두 무너졌다. 세계무역센터에는 26개국 430여 개의 회사가 입주해 있었는데 근로자만 약 5만 명에 달했다고 한다. 이곳은 뉴욕의 대표적인 관광 명소라 항상 사람들로 북적였다. 나 역시 그런 모습을 생생하게 기억하고 있었기에 직접 눈으로 본 참사의 현장은 생각보다 더 참혹했다. 잿빛 폐허의 공간은 주변과 완전히 단절된 다른 세상처럼 느껴졌다. 고요한 슬픔과 무형의 고통은 현장에 오래 머물지 않았음에도 마음에 깊게 남았고 한동안 무거운 마음을 떨칠 수가 없었다.

그 후 세계무역센터가 있던 자리는 그라운드 제로Ground Zero라는 이름이 붙여졌다. 9·11테러 10주년이 되던 2011년 그라운드 제로의 재건 소식을 뉴스로 접했다. 꼭 다시 한번 가서 보고 싶었다. 미디어를 통해 달라진 모습을 봤다. 그럼에도 여전히 10년 전 끔찍했던 현장의 장면이 생생한지라 직접 확인하고 싶은 마음이 컸다. 얼마 후 다시 뉴욕을 찾게 된 어느 봄날 모든 일정을 제쳐두고 가장 먼저 9·11 메모리얼로 향했다.

도착하자마자 눈앞에 펼쳐진 장면에 말문이 막혔다. 그저 먹먹해지는 가슴을 안고 한참 동안 조용히 바라만 보았다. 공간에 짙게 밴 슬픔은 그대로였다. 하지만 고통을 마주하는 감정은 분명 달랐다. 단순한 건축의 구성이 주는 위로는 온갖 수사로 치장한 말보다 더 깊고 강했다. 그곳은 온전히 그날의 기억을 위한 공간이었다. 9·11 메모리얼 파크는 그라운드 제로에 조성된 추모 공원이다. 그라운드 제로란 원래 폭탄의 낙하점을 뜻하는 용어로 이곳의 마스터 플랜을 맡은 건축가는 베를린 유대인 박물관을 설계했던 다니엘 리베스킨트다. 그라운드 제로의 절반은 추모 공원이고 나머지 절반은 총 5개의 마천루와 교통센터, 추모시설, 박물관이 배치됐다.

9·11 메모리얼 파크는 건축가 마이클 아라드와 조경디자이너 피터 워커의 공동작품이다. 이곳의 중심이자 상징인 사각의 인공 폭포는 마이클 아라드의 작품이다. 마이클 아라드는 이스라엘 출신으로 2003년 추모 공원 공모전에 출품된 5,201개의 작품을 물리치고 당선돼 일약 건축계의 신데렐라가 됐다. 무명의 건축가였던 그는 비자가 만료돼 고향 이스라엘로 돌아가야 할 처지였다. 그때 마침 공모전이 열리는 것을 알고 마지막 도전에 나섰던 것이다. 그는 실업자 신세였기에 돈이 넉넉지 않아 잡화점에서 산 싸구려 분수와 플라스틱으로 설계 모형을 만들어 제출했다고 한다.

마이클 아라드의 설계는 매우 상징적이다. '부재의 반추Reflecting Absence'라는 개념이 말하듯 추모의 공간을 채움이 아닌 비움의 철학으로 풀어냈다. 당시 심사위원들은 그의 설계를 "헤아릴 수 없는 삶의 손실에 대해 또한 위로받을 수 있는 재생에 대해 말하고 있

9·11 메모리얼 파크의 인공폭포 | '부재의 반추'라는 개념이 말하듯 추모의 공간을 채움이 아니라 비움의 철학으로 풀어냈다.

9·11 메모리얼 파크 | 테러로 무너진 쌍둥이 빌딩이 있던 자리에 놓인 두 개의 초대형 인공폭포는 헤아릴 수 없는 삶의 손실과 위로받을 수 있는 재생에 대해 말하고 있다.

다. 그리고 한 세대에서 다음 세대까지 기억될 수 있는 장소를 표현하고 있다."라고 극찬했다.

동판에 새긴 3,000개 이름으로 부재를 반추하다

9·11 메모리얼 파크의 주인공은 두 개의 초대형 사각 인공폭포다. 테러로 무너진 쌍둥이 빌딩이 있던 자리에 폭포를 두었다. 공중에서 보면 마치 땅 깊숙하게 박혀 있던 두 개의 거대한 사각기둥을 무 뽑듯이 쑥 뽑아낸 듯한 모양이다.

깊이 9.14미터에 면적 4,046제곱미터의 인공폭포는 북미 최대 규모다. 두 개의 폭포에서 각각 1분당 1만 1,400리터의 물이 쏟아져 중심부의 빈 곳 속으로 빨려 들어간다. 폭포의 물줄기가 특이한데 주르륵 흐르지 않고 방울방울 떨어지는 형상이다. 이는 정확하게 계산된 연출 덕분이다. 방울져 떨어지는 폭포는 마치 그날의 눈물인 듯 보인다. 폭포는 365일 쉬지 않고 가동되며 약품처리를 해서 겨울에도 얼지 않고 물을 회수해서 다시 사용하도록 설계돼 있다.

뉴욕에서도 복잡하기로 유명한 로어맨해튼의 중심에 거대한 폭포라니. 처음엔 솔직히 걱정이 앞섰다. 폭포의 물소리와 대도시가 분출하는 소리의 불협화음이 떠올랐기 때문이다. 물론 그건 기우였다. 쉬지 않고 흐르는 물소리는 오히려 주변의 소음을 낮췄고 천천히 생각에 집중할 수 있는 조용한 배경이 되었다. 종교와 문학에서 물은 생명, 정화, 부활을 상징한다. 한순간에 수천 명의 생명이 참혹하게 희생된 그 자리에 물의 건축보다 더 적합한 메모리얼 건

폭포의 물줄기 | 정확히 계산된 연출로 방울져 떨어지는 폭포는 365일 쉬지 않고 가동되며 겨울에도 얼지 않고 물을 회수해서 다시 사용하도록 설계돼 있다.

축이 있을까. 참으로 탁월한 선택이다.

거대한 인공폭포를 한참 보고 나면 자연스럽게 폭포 주변 난간에 빼곡하게 새겨진 이름들에 시선이 옮아간다. 북측, 남측 두 개의 인공폭포 가장자리를 둘러싼 76개의 동판에는 2001년 9·11 테러로 이 자리에서 목숨을 잃은 2,753명과 미국 국방성 펜타곤 테러로 죽은 184명, 그리고 9·11 테러 이전인 1993년 세계무역센터 지하 주차장 폭탄 테러로 죽은 6명을 포함한 총 2,983명의 희생자 이름이 새겨져 있다. 희생자들의 국적도 다양해서 모두 93개

국에 이른다. 그중에는 한국계 희생자 21명의 이름도 있다.

마이클 아라드는 폭포 설계 과정에서 유족들과 적극적으로 소통한 것으로 유명하다. 난간에 새긴 희생자들의 이름도 원래는 폭포 아래 지하에 넣을 계획이었다. 하지만 마치 무덤에 묻는 것 같다는 유족의 의견에 따라 지금의 위치로 옮겼다. 그는 폭포 주변에 새길 희생자들의 이름을 흔히 하는 대로 알파벳 순서나 무작위로 배치하고 싶지 않았다. 그래서 그와 동료들은 이름을 어떻게 배치할 것인가를 두고 초기 작업 시간을 거의 다 쏟을 정도로 집중했다고 한다.

그러던 중 희생자의 이름 옆에 특별한 인연의 이름이 함께 있으

인공폭포 동판에 새겨진 희생자 이름 | '의미 있는 이웃들'이라는 개념으로 희생자의 이름 옆에 특별한 인연의 이름이 배치되도록 제작하였다.

면 좋겠다는 아이디어가 떠올랐다. 마이클 아라드는 '의미 있는 이웃들'이라는 개념의 동판을 제작하기로 했다. 그는 유족들에게 '당신의 가족 이름 옆에 누가 있으면 좋겠는지'를 묻는 편지를 써서 보냈다. 아버지와 아들, 누나와 친구, 직장 동료 등 수많은 인연의 끈이 1,200여 통의 편지로 이어졌다. 전담 직원 한 명이 1년 동안 이름을 배열하는 일만 했을 정도로 방대한 작업이었다. 결국 마이클 아라드는 유족들의 뜻을 모두 수용했다.

조경 디자인의 개념 | 평평한 대지와 높이가 비슷한 참나무의 일정한 배열을 통해 거대한 인공폭포의 효과를 극대화하였다.

일상의 공간에서 추모하며 공동체와 역사를 생각하다

9·11 메모리얼 파크에는 400그루의 참나무가 모여 있다. 초봄엔 화사한 연둣빛으로, 여름엔 짙은 녹음으로, 가을엔 붉게 물들면서 참나무는 공원의 표정을 사시사철 바꾼다. 공원 조경은 세계적인 조경 디자이너 피터 워커가 맡았다.

조경 디자인의 개념은 '평평함Flat'이다. 피터 워커는 평평한 대지가 거대한 인공폭포의 효과를 극대화할 것으로 판단했다. 땅만 평지인 것이 아니다. 공원의 참나무들도 키가 비슷하다. 이곳의 참나무는 뉴욕 주변의 5개 주에서 가져왔다. 이는 희생자들이 대부분 사

주판알처럼 배열된 참나무 | 높이가 비슷한 참나무만으로 공간을 가득 채웠을 때 자칫 단조로울 수 있는 단점을 나무의 배열을 통해 변화를 주었다.

고지역의 500마일(약 805킬로미터) 이내인 5개 주에 거주하고 있었다는 사실을 고려한 선택이다. 그런데 나무들을 서로 다른 지역에서 가져오다 보니 키가 제각각이었다. 피터 워커는 나무의 키를 평평하게 맞추기 위해 3년간 작은 나무는 영양을 좀 많이 줘서 키우고 큰 나무는 조금 적게 줘서 성장을 늦추는 방식으로 모양과 키를 조정했다.

높이가 비슷한 참나무만으로 공간을 가득 채웠을 때 자칫 단조로울 수 있다. 그 단점을 나무의 배열을 통해 변화를 주었다. 피터 워커의 설계도를 보면 나무들이 마치 주판알처럼 배열된 것을 볼 수 있다. 주판알은 흐트러져도 꿰어진 줄의 열을 벗어날 수 없다. 대충 심은 것처럼 보이는 나무 사이를 걷다 보면 어느 순간 일렬로 줄지어 세운 듯한 경관과 마주하게 되는 비밀이 바로 여기에 있다. 참나무들 사이 유일하게 다른 배나무 한 그루가 눈에 띈다. 이 나무는 1970년대 세계무역센터 광장에 심겼는데 9·11테러의 폐허 속에서도 살아남아 '생존의 나무'로 불린다. 2010년 3월에는 심한 폭풍우

유일하게 배열이 다른 나무 | 1970년대 세계무역센터 광장에 심겼는데 9·11테러 속에서도 살아남아 '생존의 나무'로 불린다.

로 뿌리째 뽑히는 수난을 겪었지만 역시 끝까지 살아남았다. 미국인들은 이 생존의 나무를 통해 깊은 상처를 극복하고 다시 일어나는 자국의 강력한 생존력을 확인하고 있다.

공원에 자리한 박물관도 생존의 나무와 같은 상징들이 있다. 유리와 철로 만들어진 박물관에는 당시 완전히 파괴된 쌍둥이 빌딩에서 유일하게 깨지지 않은 유리창과 마지막까지 꼿꼿하게 서 있던 철 기둥이 전시돼 있다. 이 철 기둥은 '마지막 기둥'이라고 이름 지어졌는데 복구 현장에서 사람들의 정신적 지주 역할을 하며 사랑을 받았다. 그래서일까. 희생자들의 사진과 사고 당시 소방관들의 음성, 테러리스트들이 공항에 들어가는 장면이 담긴 영상 등 눈

마지막 기둥 | 완전히 파괴된 쌍둥이 빌딩에서 유일하게 마지막까지 꼿꼿하게 서 있던 철 기둥이 전시돼 있다.

을 뗄 수 없는 전시물 중에서도 '다시 일어남'을 상징하는 유리창과 철기둥이 가장 오랫동안 마음에 남았다.

왜 우리는 지난 아픔을 기억해야 할까? 그건 상처를 헤집고 누군가를 탓하기 위한 것이 아니다. 우리의 오늘을 돌아보기 위함이다. 9·11 메모리얼 파크는 시민 누구나 무시로 꽃 한 송이를 들고 찾을 수 있는 곳이다. 이곳은 기억을 가둬두지 않고 이야기하는 공간이다. 계속 이야기함으로써 사람들은 아픔을 치유한다.

9·11 메모리얼 박물관 벽면 | 로마 시인 베르길리우스가 쓴 시의 한 구절이 새겨 있다. '시간의 기억으로부터 단 하루도 당신을 지울 수 없다.'

현대인들은 언제나 바쁘다. 하지만 세상에 던져진 문제에 대해 함께 고민하는 시간이 필요하다. 언젠가 마이클 아라드는 한 언론과의 인터뷰에서 "도시엔 시민을 묶어줄 공간이 필요합니다."라는 말을 한 적이 있다. 추모의 건축과 공간이 도시의 상징이 된다는 것은 세상에 던져진 문제를 공동체가 함께 고민하겠다는 약속의 표현이다. 9·11 메모리얼 파크에서 시간을 보내다 보니 자연스럽게 우리가 겪었던 공동체의 아픔들이 떠올랐다. 우리는 사회 전체를 충격에 빠뜨렸던 삼풍백화점 붕괴 사고의 자리에 아파트를 지어버렸다. 과연 우리는 참사를 통해 무엇을 배웠을까?

'시간의 기억으로부터 단 하루도 당신을 지울 수 없다No day shall erase you from the memory of time.'

9·11 메모리얼 박물관 벽면에 새겨진 이 문장은 로마의 시인 베르길리우스Vergilius의 시 구절이다. 이 글은 지우고 싶은 과거일지라도 절대로 회피할 수 없다는 진리를 말하고 있다. 잘못의 사슬

1장 건축, 역사를 기록하고 현재를 창조하다 **063**

을 반복하지 않고 끊으려면 아픔의 현장에 서서 과거를 기억하고 잘못을 이야기하는 데서 시작되는 것이 아닐까? 바로 그런 이유로 수년 전 아까운 생명을 잃은 세월호 사고의 현장에 '부재의 반추'가 세워지길 바란다.

마이클 아라드

마이클 아라드는 이스라엘 출신으로 미국에서 활동하는 건축가다. 1994년 미국 다트머스 대학교에서 문학학사를 받았고 1999년 조지아 공과대학교에서 건축학사를 받았다. 그는 미국 비자 만료로 고향 이스라엘로 돌아가야 할 처지였던 서른네 살의 초보 건축가였다.

그는 당시 뉴욕시 주택 당국의 건축가로 일했고 미국의 가장 큰 건축 설계회사 중 하나인 케이피에프KPF에서 3년 정도 근무하며 유니언 스테이션 타워Union Station Tower, 홍콩의 108층 마천루, 에스피리토 산토Espirito Santo 광장, 마이애미의 37층 타워를 포함한 몇 가지 프로젝트에 참여한 이력이 전부였다. 세계적 건축가들이 총출동해 참여한 그라운드 제로 프로젝트에서 유일한 무명이었다.

그는 9·11 테러 당시 맨해튼에서 일하는 아내가 걱정돼 자전거를 타고 거리를 헤매면서 찾으러 다닐 때 두 개의 큰 구멍의 이미지를 떠올렸다고 한다. 그리고 얼마 후 자신의 머릿속 이미지를 플라스틱 모형으로 만들어두었다. 참사 1년 후 9·11 메모리얼 공모전에 그 플라스틱 모형으로 만든 디자인을 출품해 당선됐다. 그는 현재 뉴욕 헨델 건축사무소의 파트너로 활동하고 있다.

피터 워커

피터 워커는 미국 조경 건축가로 현대 조경의 선구자로 불린다. 그는 좋은 작품이란 특정 스타일이 아니라 사람들이 좋아하고 많이 이용하는 공간이라는 철학을 가지고 있다. 미국 캘리포니아 버클리 출생으로 캘리포니아 버클리 대학교 조경학과를 졸업했고 하버드 대학교에서 조경학 석사학위를 받았다. 1983년 조경 건축 회사 PWP를 설립한 후 도시계획, 대학 캠퍼스, 공원, 광장 등 세계적 프로젝트를 했다. 그의 디자인은 반복적으로 나타나는 패턴과 표면의 평면화 등이 특징이다. 대표작으로는 일본의 첨단과학센터, 미국 샌디에고 대학 도서관, 호주 시드니의 올림픽 공원, 싱가포르의 가든스 바이 더 베이 Gardens by the Bay와 창이 공항의 주얼 Jewel 정원 등이 있다.

일본 첨단과학센터

미국 샌디에이고 대학 도서관

호주 2000년 밀레니엄 시드니 올림픽 공원

싱가포르 가든스 바이 더 베이

싱가포르 창이 공항의 주얼 공원

| 중국 항저우 |

중국미술학원 샹산캠퍼스

: 시공간을 건너 과거와 소통한다

중국 항저우의 중국미술학원 샹산캠퍼스中国美术学院 象山校区는 중국 본토 출신으로는 최초 프리츠커 상 수상자이며 역대 최연소 수상자인 왕슈王澍의 작품이다. 그는 거대한 현대건축물을 추구하는 중국 주류 건축가들과 달리 중국 전통문화를 잇는 건축을 하고 있다. 중국에서 손꼽는 예술대학인 항저우 중국 미술학원 샹산캠퍼스는 2007년 완공됐다. 현대적 건축 디자인의 요소를 따르지만 본질적으로 지역의 건축적 맥락에 뿌리를 내리고 있다. 그 지역의 건축물에서 나온 재료를 그대로 재활용함으로써 전통과 지역성을 살리고 지키면서 동시에 보편성을 지닌 디자인으로 세계적 찬사를 받았다.

소재지: 중국 항저우
건축가: 왕슈
완공: 2007년

오래전 중국 베이징을 방문한 적이 있다. 베이징의 진짜 얼굴을 보고 싶어 찾은 곳은 후통胡同이었다. 후통은 전통 주거지역이다. 촘촘하게 들어서 있는 옛 중국 전통 양식의 가옥들 사이로 구불구불한 골목길을 걷는 재미가 쏠쏠했고 허름한 시장과 저렴한 길거리 음식들이 흥미로웠다. 옛 중국인의 진짜 삶을 기록한 전통가옥들은 중국의 건축 여행을 매우 특별하게 만드는 요소다. 한 도시의 정체성은 그 공간에서 살아가는 사람들의 생각에서 자연스럽게 만들어진다. 사람들의 사고는 건축물로 기록된다. 도시는 그 건축물을 통해 오랫동안 축적돼온 지역의 정체성을 기억한다. 낯선 도시의 정체성을 알고 싶다면 지역의 역사를 담고 있는 건축을 봐야 한다.

2008년 베이징 올림픽이 끝난 후 다시 베이징을 찾았을 때 깜짝 놀랐다. 중국의 도시들은 개방개혁 정책 이후 세계의 그 어느 도시보다 빠르게 변해왔다. 베이징은 이전과 확연하게 달라져 있었다. 특히 후통이 그랬다. 중국 전통 가옥으로 가득했던 그곳에는 고급

스러운 현대식 고층 아파트가 가득했다. 특히 명나라 말부터 청나라까지 오랜 세월을 거쳐 완성된 쳰먼다제前门大街 동쪽 후통은 완전히 달라져서 외국 커피 프랜차이즈와 레스토랑 그리고 상점 등으로 채워져 있었다.

전 세계에서 중국의 도시만큼 빠르게 변하는 곳이 있을까? 베이징, 상하이, 광저우, 선전 등은 고층 빌딩 숲으로 대변되는 거대한 현대 도시의 모습 그대로다. 중국 도시만의 특징을 찾기 어렵다. 하지만 이런 상황이 중국만의 이야기는 아니다. 아시아 신흥국가들의 도시는 세계 건축가들에게 기회의 장이 되고 있고 각 나라의 도시들은 대동소이한 모습의 현대 도시가 돼가고 있다. 유럽이 도시의 정체성을 지키기 위해 까다롭게 건축물을 관리하는 것과는 다른 현상이다. 남의 나라 이야기가 아니다. 우리 도시들도 지역의 문화

샹산캠퍼스 외관 | 프리츠커 상 심사위원단은 '시대를 초월해 깊이 있는 맥락에서 뿌리를 내린 건축'으로 평가했다.

가 배제된 건축물이 대다수다. 마음이 씁쓸하기 그지없지만 그 흐름을 바꿀 수 있을지는 잘 모르겠다.

최근 건축계의 담론은 도시가 개발이라는 명목 아래 획일적으로 변해가는 것을 걱정하고 지역성을 회복하여 정체성을 찾아야 한다는 것이다. 이런 논의의 중심에 중국의 건축가 왕슈가 있다. 2012년 왕슈가 중국 최초로 프리츠커 상을 받자 전 세계 건축계가 떠들썩했다. 역대 최연소 수상자였을 뿐만 아니라 중국 건축계에서조차 알려지지 않은 변방의 건축가라는 점은 이목을 끌기 충분했다. 왕슈가 유명해지면서 그의 건축관도 주목을 받았다. 그는 건축가의 사회적 책임을 강조했고 도시에 역사, 시간, 공동체를 무시하는 건물을 복제해서 채우는 방식을 단호히 거부했다.

당시 프리츠커 상 심사위원단은 왕슈의 작품을 '시대를 초월해 깊이 있는 맥락에서 뿌리를 내린 건축'으로 평가했다. 이런 왕슈의

건축관이 투영된 작품이 중국 항저우에 있는 중국미술학원 샹산캠퍼스다. 외관은 전통을 살렸으면서도 모던하다. 내부는 단순하면서도 모호하다. 중국미술학원 샹산캠퍼스는 건축이 지역의 정체성을 어떻게 표현하고 기록할 수 있는지를 보여주는 좋은 사례다.

대학 건물의 전형성을 탈피해 랜드마크가 되다

'상유천당 하유소항上有天堂 下有蘇杭'

하늘에는 천당이 있고 땅에는 소주와 항주가 있다는 뜻이다. 중국 고대 시인 소동파蘇東坡의 시구인데 항저우에 대한 중국인들의 각별한 애정을 짐작하게 한다.

항저우는 상하이에서 대중교통으로 2시간 30분이면 닿는 곳이다. 한국 여행자들이 많이 찾는 도시 중 하나다. 항저우의 도심은 여느 대도시와 크게 다르지 않지만 구석구석 전통적 모습과 항저우만의 특색을 지닌 풍경이 살아 있다. 무엇보다 이곳엔 대한민국 임시정부 항저우구지기념관이 있다. 우리에게도 역사적 의미가 큰 곳인데 기념관으로 관리한 덕분에 옛 항저우 건축양식이 잘 보존돼 있다.

항저우는 그동안 상하이 방문길에 덩일로 하루 정도 놀아보는 코스로 여겼던 도시다. 하지만 근래 항저우를 꼭 방문할 만한 도시로 만든 새로운 명소가 탄생했다. 바로 건축가 왕슈가 설계한 중국미술학원 샹산캠퍼스다. 중국미술학원은 베이징의 중앙미술학원과 나란히 중국에서 최고 권위를 자랑하는 미술대학교이다. 중국

미술학원이 예술대학과 디자인예술대학을 위해 새로 지은 샹산캠퍼스는 2002년부터 5년간 공사를 거쳐 2007년 완공됐다. 왕슈는 현재 이 대학교의 건축대학 학장이다.

그가 세계적 건축가의 반열에 오른 후 중국미술학원 샹산캠퍼스는 전 세계 사람들이 방문하는 투어 코스가 됐다. 학생과 항저우 시민들의 이 건축물에 대한 자부심이 대단하다. 학교 입구에 외부 개방 시간을 알리는 안내판까지 있는 것을 보니 관광 명소로 유명세를 겪고 있음을 실감했다. 최근에는 방문객들이 면학 분위기를 헤친다는 목소리가 높아짐에 따라 예고 없이 외부인의 출입을 금지하는 일도 종종 있다. 멀리서 온 사람들이 아쉽게 발길을 돌려야 한다.

문화, 경제, 산업에 세계적인 트렌드가 있듯이 건축도 예외는 아니다. 건축에서 트렌드란 보통 설계가 잘된 서구의 건축물과 비슷하게 짓거나 대도시의 건축 디자인과 소재 등이 인근 소 도시의 건축물로 확산되는 흐름을 말한다. 그런 측면에서 중국미술학원은 확실히 세계 건축 트렌드와 다르다. 중국미술학원은 흔히 보는 대학 건물의 전형성에서 과감하게 탈피했다. 전 세계에서 랜드마크로 평가되는 건축물들의 디자인 요소도 찾기 어렵다.

진입로를 따라 학교 안으로 들어가면 사진 등에서 익히 보았던 ㄷ자 형태의 메인 건물이 나타난다. 메인 건물의 안쪽은 중정으로서 중국의 전통 가옥 구조를 그대로 가져왔다. 간결한 선과 낮은 높이의 건물에서 절제된 세련미가 느껴진다. 이 건물에서 가장 눈에 띄는 건 흰색 외벽을 타고 건물을 가로지르는 계단과 규칙성을

샹산캠퍼스의 중정 | 중국 전통 가옥 구조를 그대로 가져온 중정의 외벽에 설치된 계단을 따라 산책을 하거나 다른 건물로 이동할 수 있다.

찾기 어려운 창의 모양이다. 외벽에 설치된 계단은 대나무 난간으로 둘려 있는데 이 길을 따라 산책을 하거나 이웃한 다른 건물로 이동할 수 있다. 계단은 높이가 달라서 오르락내리락 걷는 동안 미세하게 달라지는 주변 풍경을 보는 재미가 있다. 크기와 모양이 다른 창은 위치도 자유롭다. 건물의 창은 자칫 지루할 수 있는 흰색의 단순한 외벽에 재미를 더하는 디자인 요소이기도 하다.

건물 안은 더 놀랍다. 가장 큰 특징은 개방성이다. 벽 구조는 안과 밖의 경계를 모호하게 하고 통로는 비스듬한 경사로 이어져 위

건물 내부 | 벽 구조는 안과 밖의 경계를 모호하게 하고 통로는 비스듬한 경사로 이어져 위층과 아래층의 구분이 어렵다.

층과 아래층의 구분이 어렵다. 오르막길 중간에 강의실이 나타나고 복도에서도 강의가 이루어지기도 한다. 층수를 표기해 놓았지만 사실 의미가 없다. 통로를 따라 흐르듯 이동하다 보면 길을 잃을 수도 있다. 내부 바닥에는 이동 경로를 안내하기 위해서 마치 도로의 차선처럼 빨강, 파랑, 노랑 등 이동선을 그려놓았다.

교내 연못가에 있는 두 동의 건물도 매우 인상적이다. 지붕의 선은 중국 전통 가옥을 떠올리게 하고 전면으로 길게 줄을 지어 서 있는 콘크리트 기둥은 대나무 숲을 연상케 한다. 후면의 전체 외

입면 디자인 | 지붕의 선은 중국 전통 가옥을 떠올리게 하고 전면에 길게 줄을 지어 서 있는 콘크리트 기둥은 대나무 숲을 연상케 한다.

벽과 창은 모두 대나무로 마감처리를 했다. 특별한 장식 하나 없는 현대건축을 보는데 오래전 중국 시대극에서 본 생활 주택을 보는 듯이 묘한 기분이 든다.

중국미술학원은 건축 공용면적의 30%를 디자인 요소에 할당했다고 한다. 건물의 경제적 효율성을 따지면 절대로 세워질 수 없는 건축물이다. 왕슈의 건축관을 그대로 수용한 학교 측의 결단이 놀랍다. 예술작품 같은 건물들 사이로 걷다 보면 벽돌담이 특이하다는 것을 알아차리게 된다. 커커이 쌓아 올린 전벽돌 사이로 기왓장들이 보인다. 크기도 색도 다른 기왓장들이 벽돌 사이에 놓인 이유가 뭘까? 낯설지만 조화로운 이 장면에서 중국미술학원 샹산캠퍼스의 이야기가 시작된다.

후면 디자인 | 후면의 전체 외벽과 창은 대나무로 마감하여 특별한 장식이 없는 현대 건축임에도 오래전 중국의 생활 주택을 보는 듯하다.

철거 건물의 기와와 벽돌과 나무와 흙을 재활용해 짓다

중국미술학원의 건축물들은 대체로 시간을 추정하기 쉽지 않다. 2007년 완공됐으니 비교적 젊은 편인데 오래됨이 느껴진다. 과거와 현재의 시간이 동시에 흐르는 듯하다. 이는 왕슈가 재활용된 마감재를 적극적으로 사용했기 때문이다. 지금은 왕슈 건축의 트레이드마크가 된 건축 재료의 재활용은 중국미술학원에서 처음 시도됐다. 중국미술학원이 있던 자리는 원래 농가였다. 왕슈는 대학 건물을 짓기 위해 농가를 철거할 때 나온 약 700만 장의 기와, 벽돌, 목재 등을 벽과 마감재와 창호 등에 사용했다. 건물에서 자연스럽게 시간의 흔적이 배어 나오는 이유다.

하지만 단지 오래된 재료가 건물에 시간성을 만드는 것은 아니다. 건물의 느낌은 건축 재료만으로 결정되지 않는다. 왕슈가 직접 밝혔듯이 어떤 재료인가보다 건축에 담긴 것이 사람들에게 어떤 경험과 기억을 떠올리게 하는가가 더 중요하다. 그는 완공된 건물이 오래된 것인지, 새로 지은 것인지 잘 모르도록 하는 데 무척 신경 썼다. 마치 여러 명의 건축가가 긴 시간에 걸쳐 차츰차츰 완성한 것 같다. 학교 내 10개 건물을 서로 다른 시스템으로 연결했고 디자인 요소도 모두 다르게 적용했다. 중국미술학원 건물의 역사성은 이렇게 치밀한 계획으로 완성됐다. 역사성이란 공간의 한계 안에서 시간의 흔적을 표현하는 것이다. 그는 시간적인 격차를 눈에 보이도록 설계해 사람들이 자연스럽게 시간성을 경험할 수 있게 했다.

2013년에 완공된 게스트하우스 수안산거水岸山居도 그러한 철학

건축 재료의 재활용 | 대학 건물을 짓기 위해 농가를 철거할 때 나온 기와, 벽돌, 목재 등을 벽과 마감재와 창호 등에 사용하여 자연스럽게 시간성을 경험할 수 있게 했다.

을 선명하게 드러낸다. 수안산거는 5,000제곱미터 대지에 20개의 방, 찻집, 레스토랑 등이 있는 편의 시설인데 낮은 산과 강 사이의 공간에 긴 형태로 지어졌다. 수안산거 역시 농가를 철거한 자리에 세워졌고 왕슈의 주요 건축 언어들인 철거 건축에서 나온 콘크리트와 석재, 대나무, 나무, 흙을 마감재로 사용했다.

건물이 산과 강의 시각적 맥을 끊지 않도록 벽 사이로 공간을 열었다. 설계에서 개방감을 확실하게 강조해 내부와 외부 공간의 구

게스트하우스 수안산거 | 건물이 산과 강의 시각적 맥을 끊지 않도록 벽 사이로 공간을 열어 내부와 외부 공간의 구분을 모호하게 두었다.

분을 모호하게 두었다. 게스트하우스이다 보니 방문객을 위한 편의 시설에 신경을 썼을 법도 한데 수직 계단도 없고 엘리베이터도 없고 통로는 역시 미로와 같다.

   왕슈는 샹산캠퍼스의 디자인은 물론이고 나무 한 그루까지 일일이 챙겼다. 학교가 들어서기 전 마을에 있던 나무 한 그루도 원래 있던 자리를 지키고 있다. 농가를 철거하더라도 나무는 살려두고자 했기 때문이다. 인간이 만든 건축물은 독립적 예술작품이 아니라 자연환경의 일부라는 건축관에서 동양 고유의 정서가 느껴져서일까. 중국미술학원 샹산캠퍼스는 낯설지 않은 편안함으로 기억된다.

디자인이 아니라 지역의 맥락을 해석해야 지역성 회복이다

왕슈는 대학 시절 중국화中國畵에 크게 관심을 가졌다. 그러다 보니 그의 건축에는 중국 회화의 요소들이 반영돼 있다. 그는 주변 산, 물, 빛, 심지어 바람의 방향까지 복합적인 요소를 모두 고려해 설계하는 것으로 유명하다. 우리의 옛 건축물들이 주변 환경의 일부로서 인식되고 설계됐듯이 중국도 마찬가지다. 건축은 주변 환경과 보완적 관계에 있다. 건축물이 어디에서 시작하고 환경은 어디에서 끝나는지 그 경계가 분명해서는 안 된다.

샹산캠퍼스는 주변 산세를 적절히 활용했다. 부지 중간에 있는 50미터 높이의 작은 산을 그대로 둔 채 높고 낮은 대지의 흐름을 최대한 그대로 따랐다. 마을에 있던 시냇물과 양어장 등도 그대로 보존했다. 왕슈는 산이 먼저 있었고 또 장소에는 역사가 담겨 있으니 그걸 해치면 안 된다고 생각했다. 그래서 과하게 인위적이지 않은 중국 전통 정원의 정교함과 공간의 미가 두드러진다. 중국 건축계는 샹산캠퍼스가 완공됐을 때 '볼품없는 건축'이라며 신랄한 비판을 내놓았다. 하지만 그와 반대로 세계 건축계는 왕슈의 실험적인 시도와 창의적 상상을 직설적으로 표현해낸 건축에 찬사를 보냈다.

지역성의 회복은 건축 소재와 디자인의 전통성을 유지하는 것과는 차이가 있다. 지역성은 단순히 옛것을 그대로 보존하는 것이 아니라 그 지역의 맥락을 살려 차별점을 만들어내는 것이다. 샹산캠퍼스는 현대의 프레임으로 과거를 해석하는 방식의 좋은 사례다. 지역의 재료라는 풍토성에 머물지 않고 사람들의 정서를 담은 건축물이 바로 전통을 계승하는 건축이다. 왕슈는 건축의 지역성 회복이 건축가의 의무라고 생각해 프리츠커 상 수상 후 세계적 명성을 얻은 후에도 여전히 항저우를 기반으로 활동하고 있다. 상하이나 베이징은 그가 생각하는 중국의 도시다운 정체성을 잃었다는 판단 때문이다. 역사적으로 중국의 예술에 커다란 영향을 준 도시 항저우에서 건축을 통해 지역성을 지켜내는 실험을 계속하고 있다.

왕슈의 항저우에서의 활약상은 의미 있는 일화로 전해진다. 항저우 시 정부가 최고의 관광 명소인 서호西湖 주변 개발 계획을 세웠을 때의 일이다. 왕슈는 오랜 세월 역사를 이어 온 주택단지를 허물고 고층 빌딩을 지으려 한다는 소문을 듣고 호수 주변을 찍은 사진 수백 장을 들고 시 정부를 직접 찾아가 "사진 속 모습은 천년의 역사입니다. 그런데 허물면 그 역사는 1년짜리가 됩니다."라는 말로 설득했다고 한다.

대도시의 부동산은 어느 나라나 자산가들의 투자 대상이다. 우리는 자본의 욕망을 꺾는 일이 얼마나 어려운지 잘 알고 있다. 지역의 역사적 가치를 지키려는 건축가와 엄청난 이익에도 불구하고 대단위 부동산 개발사업을 중단한 시 정부를 모두 가진 항저우 시민들이 참 부러웠다. 한 장소에서 셀 수 없이 무수한 나날을 버텨온 건축의 시간은 삶의 기록이며 공동체의 역사다. 우리의 도시에서도 과거의 기억을 버리지 않으면서 도시의 콘텐츠를 살려 지속가능한 도시로 거듭나기 위한 실험들이 활발하게 펼쳐지길 기대한다.

왕슈

중국 최초 프리츠커 상 수상자이자 역대 최연소 수상자이며 중국 건축계의 비주류 건축가다. 특히 자신의 건축 철학을 고집스럽게 지키는 것으로 유명하다. 그는 중국에서 가장 명성이 높은 건축대학인 상하이 퉁지대학同濟大學에서 박사학위를 받은 후 교수직을 제의받았다. 그런데 "상하이는 중국이 아닌 것 같습니다. 항저우로 돌아가야 중국을 찾을 수 있습니다."라며 교수직을 거절했다.

1963년 중국 신장웨이우얼자치구에서 태어나 예술가와 작가를 꿈꾸었다. 하지만 기술자가 돼야 안정된 생활을 할 수 있다는 부모의 현실적 조언에 따라 기술자의 길을 고민했다. 하지만 그림을 포기할 수 없어서 그림과 기술을 모두 배울 수 있는 건축가가 되기로 했다. 난징대학에서 건축을 공부했고 졸업 후 10년 동안 중국 전통 건축의 장인을 찾아가 현장에서 기술을 배웠다. 이후 항저우에서 부인 루 웬유Lu Wenyu와 '아마추어 건축 스튜디오Amateur Architecture Studio'를 열었다.

그는 대도시 지역의 철거와 파괴의 과정에서 건축가의 역할과 책임이 중요하다고 주장하고 2006년 베니스 건축비엔날레에 참가해 철거 현장에서 회수된 6만 6,000개의 재활용 타일로 제작한 '타일로 된 정원Tiled Garden'이라는 작품을 선보였다. 이 작품은 도시의 철거작업을 도시들이 폭격을 당하는 것으로 표현할 정도로 비판적 시각을 여실히 드러내고 있다.

왕슈는 건축 재료를 재활용함으로써 파괴하고 새로 짓는 것이 아니라 옛것의 흔적을 이어가는 노력을 지속하고 있다. 하지만 그

2006년 베니스 건축비엔날레 '타일로 된 정원Tiled Garden'

가 과거의 역사성에만 집착하는 것은 아니다. 그의 작품은 보편적 세련미를 갖춘 현대건축물로서 세계적 수준의 아름다움을 보여준다. 대표작 중 하나인 닝보박물관은 지역성이 강한 건축물이 세계적일 수 있다는 사실을 증명한다. 항저우 저장성 닝보시에 있는 박물관은 낡은 벽돌을 성처럼 두른 웅장한 외관을 자랑한다. 외벽에 사용된 벽돌은 모두 철거된 마을의 것이다. 내부의 중앙정원은 중국식 가옥 구조의 전형을 보여준다. 특히 박물관 벽면의 선명한 대나무 질감은 중국의 전통 시공 방식인 대나무를 거꾸로 사용해 거푸집을 만드는 수고를 더했다.

그의 작품들의 공통된 특징은 매우 중국적이면서 동시에 무척 현대적인 요소의 조화로움이다. 항저우의 전강시대 아파트 역시 그러한 건축 특징을 잘 보여준다. 전통 가옥을 얼기설기 쌓아올린 형태의 고층 빌딩인 전강시대 아파트는 모든 세대가 정원을 가질 수 있는 복층 구조다. 역시 철거 주택에서 나온 돌과 기와가 사용됐다.

그는 건축주에게 디자인에 대한 전권을 요구하는 것으로 유명하다. 전통을 존중하고 도시의 정체성을 보존하는 것은 건축가의 책임과 소명이라는 믿음을 지키기 위해서다. 그는 "전통을 무시하고 고층 빌딩에 집중하는 건 우리의 미래를 파괴하는 것이고 동시에 남들이 버린 것을 줍고 있는 것입니다."라고 말한다. 그는 우리에게 건축을 통해 도시의 전통과 정체성의 가치를 지키는 일이 왜 중요한지 성찰할 것을 촉구한다.

닝보박물관

전강시대 아파트

| 영국 런던 |

테이트 모던 미술관

: 런던은 부수지 않고 새로워진다

영국 런던의 테이트 모던 미술관Tate Modern Gallery in London은 20세기 이후 현대 예술작품을 주로 전시하는 현대미술관이다. 런던의 도시재생 사업인 '밀레니엄 프로젝트' 중 하나로 건축됐다. 20년간 문을 닫은 화력발전소의 외관을 80%나 보존한 리모델링으로 세계의 찬사를 받았다. 보존함으로써 완전히 새로워지는 공존과 융합의 건축 철학을 상징하는 아이콘 건축이 됐다. 관람객 200만 명을 목표로 2000년에 개관했는데 20년이 채 되지 않은 기간 동안 연 600만 명에 육박하며 폭발적인 인기를 끌었다. 명실상부 2,000년 역사의 도시 런던을 대표하는 명소로 자리를 잡았다.

소재지: 영국 런던
건축가: 자크 헤르초크, 피에르 드 뫼롱
완공: 2000년

잿빛 하늘은 영국 런던의 가장 익숙한 풍경이다. 화창한 날이었다가도 금세 회색으로 물드는 날이 빈번하다. 처음 런던을 찾는 사람들에겐 꽤 고약스럽다는 인상을 주기도 한다. 하지만 런던은 회색이 참 잘 어울리는 도시라고 생각한다. 빅벤, 국회의사당, 웨스트민스터 사원, 타워브리지, 대영박물관, 세인트 폴 성당, 버킹엄 궁전 등 역사적 건물들은 잔뜩 흐린 회색 하늘 아래서 더욱 멋진 카리스마를 보여주기 때문이다.

런던은 오랜 역사를 이어온 건축물들로 가득해 고전적이면서 동시에 매우 현대적인 도시다. 전망대에 올라 조망하면 오래된 고풍스러운 건물들 사이에서 개성이 강한 현대건축물들을 쉽게 볼 수 있다. 도시 안으로 더 깊숙하게 들어가면 빅토리아풍 건물 옆에 초현대적인 디자인의 아파트들이 서 있는 장면이 자연스럽다. 수백 년의 차이를 두고 지어진 건물들이 이웃하고 있으면서도 튀지 않는 풍경이 참 인상적이다. 현재 유럽 최고의 높이를 자랑하는 빌딩 더 샤드The Shard를 배경 삼아 타워브리지를 감상하더라도 이질감이 없다. 오히려 시대에 맞춰 역사를 담아가는 도시의 역량이 부러울 뿐이다.

영국 국민은 오랜 건축물을 쉽게 허물고 다시 짓는 걸 좋아하지 않는다. 단순히 낡은 것이 아니라 보존해야 할 역사의 기록으로 생각하기 때문이다. 도시와 건축에 대한 영국 국민의 철학과 자긍심은 21세기에 맞춰 변화하는 런던의 도시 개발에 중요한 기준이 되고 있다. 새로 짓는 초현대식 건물들은 주변의 고딕 건축물과 조화를 이루는 게 원칙이고 되도록 부수지 않고 새롭게 변화하는 방법이 우선된다. 테이트 모던 미술관은 이런 영국의 정신이 가장 잘 반영된 런던의 상징적 건물이다.

템스강 건너편에서 바라본 테이트 모던 미술관의 첫인상은 심플하고 모던하다. 런던을 대표하는 세련된 미술관이 사실은 흉물로 불렸던 화력발전소의 외관을 거의 그대로 보존한 건축물이라는 사실이 그저 놀랍기만 하다.

테이트 모던 미술관은 부수지 않고 최대한 보존하되 완전히 새로운 이미지와 가치를 만드는 건축 철학이 반영된 결과물이다. 도시가 어떻게 과거와 현재와 미래를 연결할 수 있을지에 관한 질문

테이트 모던 미술관 외관 | 흉물로 불렸던 화력발전소의 외관을 최대한 보존하되 완전히 새로운 이미지와 가치를 만들어 런던의 상징적 건물이 되었다.

에 대한 답으로서 옛 건축물과 새로운 기능의 융합을 통해 공존하는 방법을 보여주고 있다. 많은 사람이 테이트 모던 미술관을 21세기 가장 성공한 현대미술관이라고 말한다. 21세기는 아직도 80여 년이나 더 남았으니 언젠가 더 성공한 건축물이 탄생할 것이다. 하지만 테이트 모던 미술관의 명성과 상징성만큼은 앞으로도 달라지지 않을 것이다.

외관을 보전하고도 가장 현대적인 미술관이 되다

1995년 영국 정부는 '밀레니엄 프로젝트'를 발표했다. 런던의 낙후된 지역을 발전시키고 도시에 활력을 불어넣기 위해 대규모 공공디자인 계획을 담은 도시재생 프로젝트다.

런던은 템스강을 중심으로 북부와 남부의 모습이 상당히 다르다. 북부는 정치와 경제의 중심지이자 문화유산이 밀집된 지역이다. 항상 사람들로 북적이고 관광객이 모여드는 한마디로 말해 도시의 부가 집중된 공간이다. 반면 남부는 가난한 지역이다. 과거에는 런던을 먹여 살린 제조산업의 중심지였지만 산업의 몰락과 함께 폐공장이 늘면서 급격한 슬럼화를 겪었다. 이곳 남부에서도 가장 가난한 지역에 있던 뱅크사이드 화력발전소가 바로 테이트 모던 미술관으로 재탄생했다.

뱅크사이드 화력발전소는 제2차 세계대전 직후 건립돼 런던의 전력 공급을 담당하며 전후 재건을 지원했다. 그러나 1981년 대기오염 유발 시설로 지목돼 문을 닫은 후 20여 년 동안 흉한 모습으로 템스강 남부의 현실을 상징하는 건물로 전락했다. 영국 정부는 쓸모가 없어진 화력발전소 자리에 최대 규모의 현대미술관을 짓기로 하고 국제 현상 공모전을 열었다. 건축가 148개 팀이 참가해 치열한 경쟁을 펼쳤다. 그중에는 프랑스 파리의 퐁피두 센터를 설계한 이탈리아 건축가 렌초 피아노와 일본의 건축가 안도 다다오Ando Tadao 같은 거장들도 포함돼 있었다. 하지만 영국의 선택은 스위스 출신의 젊은 건축가 자크 헤르초크Jacques Herzog와 피에르 드 뫼롱Pierre de Meuron이었다. 그들은 테이트 모던 미술관의 설계로 단숨에

뱅크사이드 화력발전소 | 런던에 전력을 공급했던 발전소는 1981년 문을 닫은 후 흉한 모습으로 템스강 남부의 현실을 상징하는 건물로 전락했다.

무명의 건축가에서 세계적 건축가의 반열에 올랐다.

공모전 결과 발표 후 그들의 설계안에 이목이 쏠렸다. 도대체 어떤 계획으로 거장들을 물리칠 수 있었을까? 공모전에 참가한 건축가들은 예상대로 화력발전소를 헐어버리고 새로 지을 것을 제안했다. 하지만 단 한 팀인 헤르초크와 드 뫼롱은 '부수지 않을 것'을 제안했다. 148개 팀 중 유일하게 보존함으로써 새로워지는 도시의 철학을 얘기한 것이다. 허물기보다 보존을 중요하게 여기는 영국인들의 생각을 잘 간파한 현명한 판단이었다. 헤르초크와 드 뫼롱은 테이트 모던 미술관이라는 걸출한 건축물을 통해 영국의 선택이 틀리지 않았음을 증명했다.

과거와 현재 그리고 사람과 공간을 연결하다

테이트 모던 미술관은 2000년 개관과 함께 건축계의 스타가 됐다. 워낙 유명한 건축물이 많아서 명소 경쟁이 치열한 런던에서 항상 방문객 수 1위를 유지해온 대영박물관의 자리까지 빼앗았다. 글로벌 기업들이 앞다퉈 후원을 자청하고 전 세계 도시에서 지금도 테이트 모던 미술관을 모델로 한 아이콘 건축들이 세워지고 있다. 테이트 모던 미술관의 무엇이 이토록 사람들의 마음을 사로잡은 것일까?

미술관 야경 | 영국 산업화 시대의 상징이었던 발전소 굴뚝 꼭대기에 반투명 패널을 사용해 밤에는 빛을 내도록 했다. 마치 등대처럼 템스 강변의 밤하늘을 밝히고 있다.

테이트 모던 미술관은 헤르초크와 드 뫼롱 두 건축가의 재해석을 읽는 재미가 풍부한 곳이다. 발전소의 80%를 보존했을 정도로 옛 설계를 그대로 살렸다. 그럼에도 미술관은 완전히 새롭다. 미술관의 상징은 중앙에 우뚝 서 있는 99미터의 거대한 굴뚝이다. 헤르초크와 드 뫼롱은 영국 산업화 시대의 유산이자 상징이었던 발전소 굴뚝에 반투명 패널을 사용해 밤에는 빛을 내도록 했다. 마치 등대처럼 템스 강변의 밤하늘을 밝히고 있다. 이 굴뚝은 스위스 정부의 지원을 받아 건축한 이력 때문에 '스위스 라이트Swiss Light'라고도 부른다.

미술관의 백미는 내부의 터빈홀이다. 폭 23미터, 길이 155미터, 높이 35미터의 거대한 공간이다. 원래 발전소의 터빈을 돌리던 곳인데 공간을 가로지르는 철제 에이치 빔을 그대로 살려서 메인 전시실로 개조했다. 높은 천장을 걷어내고 반투명의 유리 지붕을 얹

터빈홀 | 발전소의 터빈을 돌리던 곳으로 공간을 가로지르는 철제 에이치 빔을 그대로 살려 메인 전시실로 개조했다.

은 덕분에 낮에는 밝은 빛이 터빈홀을 가득 채운다.

　터빈홀의 매력은 공간의 모호성이다. 분명 미술관의 내부이지만 때로는 외부의 공간으로 인식된다. 이유는 간단하다. 터빈홀은 미술관의 서쪽 출입구를 통해 템스 강변의 산책로와 이어진다. 강변

미술관 출입구 | 터빈홀은 미술관 서쪽 출입구를 통해 템스 강변과 이어져 강변 산책로를 따라 걷던 보행자들이 자연스럽게 유입된다.

산책로를 따라 걷던 보행자들이 자연스럽게 터빈홀로 들어서게 되는 구조다. 말하자면 터빈홀은 강변의 내부 산책로인 셈이다. 이곳에서는 다른 미술관에서 보기 어려운 특이한 장면들이 연출된다. 터빈홀 곳곳에서 조용히 책을 읽거나 삼삼오오 모여 담소를 나누

터빈홀 풍경 | 터빈홀에서 책을 읽거나 담소를 나누는 시민들의 모습이 미술관보다는 한가로운 공원의 풍경과 오히려 닮았다.

고 도시락을 먹는 시민들의 모습이 미술관보다는 한가로운 공원의 풍경과 오히려 닮았다. 터빈홀은 해마다 새로운 설치미술 작품을 선보이는데 산책을 나온 시민들과 관람객들이 작품을 감상하거나 휴식을 취하며 자유롭게 문화를 즐긴다.

2016년 테이트 모던 미술관은 새로 '테이트 모던 스위치 하우스 Tate Modern Switch House'를 증축 개관했다. 처음 미술관을 지을 때만 해도 연간 관람객 200만 명이 목표였다. 그런데 불과 10여 년 만에 400만 명을 훌쩍 뛰어넘었다. 최근 몇 년 사이에 해마다 600만 명이 넘는 관람객들이 미술관을 찾게 되면서 공간이 부족했기 때문이다.

스위치 하우스도 역시 헤르초크와 드 뫼롱의 작품이다. 10층 규모의 건물 외벽은 기존 미술관과 같은 짙은 회갈색 벽돌로 돼 있다. 건축 소재의 특성 때문에 자칫 무겁게 느껴질 수 있지만 길게 뻗은 사선이 연출하는 형태감은 날렵한 피라미드를 연상케 한다. 건물을 자세히 살펴보면 외피를 덮고 있는 33만여 개의 구멍 난 벽돌이 입체적인 외벽을 이룬다.

스위치 하우스가 증축된 후 기존 미술관은 나탈리 벨 빌딩 Natalie Bell Building으로 부르고 신관 스위치 하우스는 블라바트닉 빌딩 Blavatnik Building으로 부른다. 두 건물은 1층과 4층의 통로를 통해 서로 오갈 수 있다. 템스강의 밀레니엄 브리지에서 정면으로 바라보면 기존의 미술관 뒤로 스위치 하우스의 윗부분만 살짝 보인다. 따라서 스위치 하우스의 디자인을 제대로 감상하려면 미술관 뒤편으로 돌아가야 한다.

스위치 하우스 입면 | 길게 뻗은 사선이 연출하는 형태감은 날렵한 피라미드를 연상케 하며 외피를 덮고 있는 구멍난 벽돌이 입체적인 외벽을 이룬다.

스위치 하우스의 통로 | 신관은 블라바트닉 빌딩으로 불리며 기존 미술관과 1층, 4층 통로를 통해 서로 오갈 수 있다.

신관(좌)과 구관(우) | 구관과 신관이 16년의 세월을 두고 같은 회갈색 벽돌 건물로 지어졌다. 서로 다른 듯하면서도 마치 한몸인 듯 조화롭다.

스위치 하우스는 원래 벽돌이 아닌 유리 소재를 사용할 계획이었다고 한다. 증축 과정에서 재정 문제로 몇 년 동안 공사가 중단되었고 헤르초크와 드 뫼롱이 마음을 바꿔 설계를 변경했다. 만약 스위치 하우스가 벽돌이 아닌 유리 건물이었다면 어떤 모습이었을까? 헤르초크와 드 뫼롱은 훗날 인터뷰에서 "유리로 덮었다면 상상할 수 없을 만큼 끔찍한 흉물이 됐을 것입니다."라고 고백한 적이 있다. 실제로 보면 두 건물이 마치 한몸인 듯 자연스럽게 어우러지기 때문에 유리 파사드로 된 스위치 하우스를 상상하기는 쉽지 않다.

16년의 세월을 두고 지어진 두 건물은 서로 다른 듯하면서도 조화롭다. 발전소가 1947년도에 지어진 사실을 생각하면 건축으로 공존과 융합의 미학을 표현한 두 건축가의 창의력에 경의를 표하게 된다.

사람이 중심인 미술관에서 문화와 공간을 향유하다

영국은 2018년에 테이트 모던 미술관의 관람객이 590만 명을 기록했을 때 깜짝 놀랐다. 고작 20년밖에 안 된 현대미술관에 2,000여 년 역사를 상징하는 대영박물관보다 더 많은 사람이 찾아왔다는 사실에 충격을 받은 것이다. 테이트 모던 미술관의 이러한 놀라운 행보는 잘 지은 건축과 특별한 이야기에 더해진 독특한 콘텐츠 덕분이다.

미술관의 대표 콘텐츠는 터빈홀 프로젝트다. 이 프로젝트는 기업의 후원으로 장기간 진행되는 특별 전시회로 해마다 새 작가를 선정해 작품을 선보인다. 2000년 개관 첫해부터 2012년까지 글로벌 생활용품 기업 유니레버의 후원으로 진행한 '유니레버 시리즈'가 공전의 히트를 하면서 테이트 모던 미술관의 대표 브랜드가 됐다. 터빈홀 프로젝트는 관람객들에게 보는 것에서 더 나아가 자연스러운 경험을 유도한다. 2006년 독일의 설치 조각가 카르스텐 휠러Carsten Höller가 제작한 5층 규모의 미끄럼틀은 경험과 소통의 미술이 무엇인지를 분명하게 보여줬다. 당시 어른과 아이 구별 없이 마치 놀이공원에 온 듯 미끄럼틀을 타기 위해 줄을 서는 진풍경이 벌어졌다. 관람객들의 호응은 그야말로 뜨거웠다. 2015년부터는 우리나라 현대자동차가 '현대커미션'을 진행하고 있다.

테이트 모던 컬렉션들은 영국 국립미술관 테이트 브리튼에서 옮겨온 것이다. 미술관은 1900년대부터 현재까지의 현대미술과 실험미술 작품을 소장하고 있는데 전시 주제 방식이 독특하다. 예를 들어 소장 작품들을 '정물―오브제·실제의 삶' '풍경―사건·환경'

터빈홀 프로젝트 | 독일의 설치 조각가에 의해 제작된 5층 규모의 미끄럼틀은 경험과 소통의 미술이 무엇인지 분명하게 보여줬다.

'인체-행위·몸' '역사-기억·사회'로 나누어 각각의 작품들이 역사적 맥락 속에서 어떻게 변형되었는지를 보여준다. 방금 이혼한 사람들을 위한 전시회, 노란색을 좋아하는 사람들을 위한 전시회 등 기발하면서도 파격적인 주제로 전시를 기획하고 있다.

테이트 모던 미술관은 사람 중심의 미술관이다. 특별 전시회를 제외하고 모두 무료 관람이 가능하다. 자국민과 런던을 방문한 이방인 모두에게 문을 활짝 열었다. 세계 현대미술의 중심을 뉴욕에서 런던으로 옮겨왔다는 평을 들을 정도로 수준 높은 콘텐츠를 선보이면서도 모두가 관람할 수 있도록 문턱을 없애버렸다. 신관 스위치 하우스는 사람 중심의 미술관으로서 테이트 모던의 철학을 더욱 뚜렷하게 보여준다. 전시를 위한 건축이지만 갤러리 말고도 사람들과 소통하기 위한 공간을 적극적으로 마련했다. 런던을 360도로 조망할 수 있는 10층의 전망대는 모든 사람에게 열려 있다. 거킨타워, 더 샤드 등 런던의 랜드마크 건축물들을 한눈에 볼 수

스위치 하우스의 10층 전망대 | 전시를 위한 건축이지만 갤러리 말고도 사람들과 소통하기 위한 공간을 적극적으로 마련했다.

있다. 역시 무료다. 레스토랑과 바 그리고 미술관 회원들이 사용할 수 있는 방도 있다. 사람들이 부담 없이 공간을 소비하도록 기꺼이 내준 배려가 따뜻하게 느껴진다.

구관과 신관을 오가며 미술관 전체를 둘러본 후엔 마지막으로 6층의 카페를 찾길 권한다. 전면의 유리창 너머로 보이는 런던의 스카이라인과 딱 맞춘 시선의 높이 덕분에 전망이 예사롭지 않아서 일찌감치 런던의 카페 명소로도 이름이 높다. 이곳 카페에서 미술관 자체 브랜드 맥주인 스위치 하우스를 맛보며 테이트 모던 미술관의 멋진 경험을 마무리하는 시간은 정말 최고다.

나는 오래된 도시를 방문하면 습관적으로 서울을 떠올린다. 1392년 조선의 수도가 된 후 서울은 줄곧 정치, 경제, 문화의 중심지로 역사를 이어왔다. 하지만 서울에서 600년 역사의 흔적을 찾는 일은 쉽지 않다. 고궁과 역사적 건물 몇 곳을 제외한 근현대 건축물의 경우 보존해야 할 유산으로 인정받는 경우가 드물다. 건물은 곧 부동산이라

는 공식이 통용되다 보니 빨리 허물고 짓는 것이 자연스럽다.

런던의 테이트 모던 미술관은 역사란 현재를 살아가는 사람들의 삶 속에서 언제나 현재진행형이어야 한다는 사실을 말해준다. 시대의 삶을 담은 건물은 사람의 기록이고 도시의 역사다. 치욕의 역사를 상징한다고 헐어버린 일제강점기의 조선총독부 건물을 반성을 위한 징비록懲毖錄으로 삼았다면 어땠을까? 한국 최초의 근대 백화점인 화신백화점을 경제 성장의 과정에서 효율성이 떨어진다는 이유로 철거할 때 과거, 현재, 미래가 공존하는 도시의 철학을 알았더라면 또 어땠을까? 어쩌면 서울에 테이트 모던 미술관과 같은 아이콘 건축이 탄생했을지도 모르겠다.

전망대에서 본 풍경 | 런던을 360도로 조망할 수 있는 전망대는 모든 사람에게 열려 있으며 런던의 랜드마크 건축물들을 한눈에 볼 수 있다.

스위치 하우스의 6층 카페 | 런던의 스카이라인과 딱 맞춘 시선의 높이 덕분에 런던의 카페 명소로 유명하다.

자크 헤르초크와 피에르 드 뫼롱

건축계에서 자크 헤르초크와 피에르 드 뫼롱은 최고의 건축가 듀오로 불린다. 1950년 동갑내기인 두 사람은 유치원에서 처음 만났다. 두 친구는 취리히 연방 공과대학을 졸업했다. 1978년 스위스 바젤에 헤르초크와 드 뫼롱 건축사무소Herzog & de Meuron Architekten를 열었다. 이후 현재까지 함께 '헤르초크와 드 뫼롱의 건축'을 짓고 있다.

헤르초크와 드 뫼롱은 프로젝트에 따라 매번 다른 스타일의 건축물을 선보이는 창조적 건축가다. 그들의 건축에서는 한 건축가의 작품들에서 흔히 발견되는 공통적 특징을 찾아보기 힘들다. 특히 건물의 외피를 매우 중요한 건축적 요소로 판단하고 매번 실험적인 시도를 하고 있다. 혁신적인 건축 재료를 사용하면서도 디테일한 표현으로 감탄을 하게 한다. 2001년 프리츠커 상을 받았을 때 당시 심사위원 대표인 존 카터 브라운John Carter Brown은 "두 사람처럼 건축 외피를 위대한 상상력과 기교로 연주한 건축가는 역사상 찾아보기 힘듭니다."라고 평가했다.

헤르초크와 드 뫼롱의 실험적 성향이 잘 드러난 건축으로는 중국 베이징 올림픽 스타디움 '새 둥지Bird's Nest'와 독일 뮌헨 알리안츠 아레나Allianz Arena가 있다. 모두 구조적 영역에 속해 있던 경기장을 미학적 건축물로 끌어올렸다는 평가를 받았다. 베이징 올림픽 스타디움은 새 둥지를 형상화한 파격적인 디자인으로 주목을 받았다. 강철 소재로 얼기설기 바구니를 짜듯 구조를 만들었고 밤에는 빨간 조명을 밝혀 중국 올림픽이라는 프로젝트의 상징성과 건축미

중국 베이징의 올림픽 스타디움

독일 뮌헨의 알리안츠 아레나

를 완벽하게 표현했다. 그런가 하면 거대한 타이어 혹은 고무보트를 연상케 하는 알리안츠 아레나는 건축 소재로는 생소한 반투명 강화 플라스틱을 외피 소재로 사용했다. 덕분에 빛 투과율이 높아 경기장 잔디가 잘 자랄 수 있는 환경을 만들었다. 또한 경기할 때마다 해당 팀을 상징하는 빛을 내도록 해 세계적으로 아름다운 건축물에 이름을 올렸다.

헤르초크와 드 뫼롱의 대표작 테이트 모던 미술관은 실용주의와 지역의 역사성을 존중하는 그들의 건축관이 반영된 건물로서 미니멀리즘* 양식으로 분류된다. 미국 샌프란시스코 나파밸리의 도미너스 와이너리Dominus Winery도 마찬가지다. 고속도로 같은 토목 구조에나 사용되던 돌망태를 건물 외벽에 사용하는 창의적이고 실험적 성향을 보이면서도 양조장 주변의 돌로 외벽을 채워 지역의 자연과 조화를 이룬다. 무엇보다 바로 이 돌로 양조장에 꼭 필요한 온도와 습도를 알맞게 유지할 수 있다고 한다. 헤르초크와 드 뫼롱은 실험적이고 창의적면서도 동시에 실용적인 건축을 추구하는 건축 본연의 속성에 충실한 건축가임을 알 수 있다.

국내 최초의 헤르초크와 드 뫼롱 작품인 ST 송은 빌딩은 그 자체가 하나의 조각물 같은 예술품으로 보이는데, 삼각형의 인정적인 구조와 크기로 주변 건물들과도 이질감 없이 잘 어우러진다. 특히 노출 콘크리트에서 거대한 매스감과 '송은-숨어 있는 소나무'의 의미를 담은 소나무결 디테일을 표현해 냈으며, 건물 내부의 원형 실린더로 유입되는 산란광은 유럽의 고 성당에 온 것 같은 공간

---

* 부록- 미니멀리즘 건축 참고

적 체험을 제공한다.

미국 샌프란시스코의 도미너스 와이너리

서울의 ST 송은 빌딩

2장

건축, 인간과 도시와 자연의 공존을 말하다

분명한 점은 그 땅에 이미 있는 것, 지금까지 거쳐온 이야기는 바뀌지 않는다는 것이다.
— 알바로 시자 Alvaro Siza

| 일본 나오시마 |

나오시마

: 건축, 자연, 예술, 그리고 삶이 녹아든다

나오시마直島는 일본 시코쿠 가가와현의 앞바다 세토나이카이瀨戶內海에 있는 섬이다. 이곳은 금속제련 공장이 폐쇄된 후 버려진 섬이 되었다. 나오시마가 예술의 섬으로 변신할 수 있었던 것은 일본 베네세 문화재단Benesse Corporation이 추진한 나오시마 재생 프로젝트 덕분이다. 베네세 문화재단은 일본 건축의 명장 안도 다다오安藤忠雄와 함께 나오시마를 예술과 건축의 공간으로 바꿔나갔다. 1992년 안도 다다오의 베네세 하우스 뮤지엄Benesse House Museum 완공을 시작으로 오벌 호텔Oval Hotel, 지중미술관地中美術館 등이 건축됐다. 나오시마의 건축들은 베네세 문화재단이 제시한 '문화와 재생'의 키워드에 안도 다다오가 '보존과 융합'으로 해법을 제시한 형태다. 나오시마는 인공의 건축물이 자연과 조화를 넘어 융합으로 공존할 수 있다는 가능성을 보여준 상징적 공간이다.

소재지: 일본 세토나이카이
건축가: 안도 다다오
완공: 1992년 베네세 하우스 뮤지엄
       1995년 오벌 호텔
       2004년 지중미술관

그리스에 산토리니섬이 있다면 일본에는 나오시마섬이 있다. 산토리니는 그리스를 대표하는 관광지다. 이 섬이 세계적 명소가 된 건 아름다운 풍광 덕분이다. 푸른 바다를 배경으로 청색과 흰색으로 칠해진 집들로 가득한 이아 마을의 일몰은 세상에서 가장 아름다운 장면으로 꼽힌다. 나오시마도 산토리니처럼 한 나라를 대표하는 관광 명소 중 하나다. 하지만 나오시마와 산토리니가 유명해진 이유는 크게 다르다. 산토리니가 멋진 자연풍광을 자랑하는 명소라면 나오시마의 매력은 '건축과 예술'이다.

나오시마는 일본의 지중해라고 불리는 세토나이카이瀬戶內海에 있다. 일본은 북쪽 홋카이도, 중앙의 혼슈, 남쪽의 큐슈와 시코쿠 등 4개의 섬으로 이루어진 섬나라다. 이중 중앙의 혼슈와 남쪽의 큐슈와 시코쿠 사이 좁은 바다가 바로 세토나이카이다.

시코쿠 가가와현의 다카마쓰항에서 출발하는 페리를 타면 한 시간이 채 걸리지 않는 거리에 나오시마가 있다. 페리는 세토나이카이의 여기저기에 놓인 낮은 섬들을 이리저리 돌아 나오시마로 향한다. 시야에 작은 섬들이 나타났다가 사라지기를 반복하는 장면에서는 우리나라의 남쪽 다도해가 떠오른다. 이곳을 찾았을 때가 마침 5월이었던지라 날씨는 기분이 좋을 만큼 온화했고 햇빛을 받아 반짝이는 바다는 더없이 아름다웠다. 포근한 바람을 맞으며 잔잔한 바다의 풍경에 취할 때쯤 어느새 눈앞에 평화롭게 누워 있는 나오시마가 다가온다.

나오시마는 문화예술의 섬이다. 섬 전체가 미술관이라고 할 수 있다. 그런데 나오시마에서 눈여겨봐야 할 것은 예술작품만이 아니다. 나오시마를 문화예술의 공간으로 만든 건 바로 건축이고, 실제로 나오시마의 방문자 중 대다수가 위대한 건축을 보기 위해 이곳을 찾는다. 동서로 2킬로미터, 남북으로 5킬로미터, 둘레 16킬로미터의 작은 화강암 섬, 나오시마를 예술의 섬으로 디자인한 사람은 건축가 안도 다다오다. 그는 일본을 대표하는 건축가이자 1995년 프리츠커 상을 받은 건축 명장이다. 나오시마에서 꼭 봐야 할 대표적 건축물인 베네세 하우스 뮤지엄, 오벌 호텔, 지중미술관 등이 모두 안도 다다오의 작품이다. 나오시마는 안도 다다오의 상상력과 철학의 흔적이 선명하다. 이곳을 '다다오 섬'이라고 부를 정도다.

나오시마는 인공의 건축물과 자연이 완벽하게 하나로 일치되는 놀라운 건축들로 가득하다. 주변의 환경과 조화를 추구하는 건축물은 많다. 하지만 아예 융합을 추구하는 건축물은 드물다. 나오시마는 건축이 만들어낸 융합의 예술 공간이다. 안도 다다오는 좋은

나오시마 전경 | 나오시마는 인공의 건축물과 자연이 완벽하게 하나로 일치되는 건축이 만들어낸 융합의 예술 공간이다.

건축이란 '인간과 자연과 공간의 합일점을 찾는 것'이라고 정의한다. 그런 그의 건축을 경험하고 사유하기 가장 좋은 곳이 바로 나오시마다.

산업폐기물 섬이 예술 공간이 되다

나오시마는 원래 어업으로 생계를 유지하던 한가로운 섬이었다. 그런데 일본의 산업화와 함께 구리제련 공장이 들어오면서 인구가 많이 유입됐다. 어업을 대신해 공업이 섬사람들의 경제적 기반이 됐다. 1960년대를 지나면서 제련산업이 쇠퇴하자 사람들은 다시 나오시마를 떠났다. 섬에는 공장이 배출한 산업폐기물만 가득

예전의 나오시마섬 북쪽 모습 | 경제적 기반이었던 제련산업이 쇠퇴하자 섬에는 공장이 배출한 산업폐기물만 가득했다.

했다. 오염된 섬은 사람들에게 점차 잊혀져 갔다.

　나오시마의 변신은 교육출판업계에서 성공한 기업가 후쿠다케 데츠히코福武哲彦의 꿈에서 시작됐다. 그는 나오시마를 재투성이 아가씨에서 신데렐라로 변신시킬 계획을 세웠다. 하지만 관광을 위한 개발은 원치 않았다. 나오시마를 세계적인 문화예술의 공간으로 만들고 싶었다. 섬의 절반이나 되는 땅을 매입했지만 독자적으로 개

베네세 하우스 뮤지엄 | 나오시마의 첫 번째 미술관으로 나오시마 재생 프로젝트의 본격적인 출발을 의미하는 건축물이다.

발을 추진하지 않았다. 주민들과 미래를 이야기하며 동의를 구하는 정성을 쏟았다. 하지만 아쉽게도 그는 생전에 나오시마의 변화를 보지 못했다. 1986년 그의 아들 후쿠다케 소이치로福武總一郎가 아버지의 뜻을 계승했다. 후쿠다케 소이치로는 '있는 것을 활용해 없는 것을 만든다.'라는 프로젝트의 원칙을 세우고 건축가 안도 다다오에게 손을 내밀었다. 안도 다다오야말로 공간과 자연을 접목하는 건축을 해왔기에 나오시마 재생 프로젝트의 방향을 이끌어줄 적임자라고 확신한 것이다.

후쿠다케 소이치로와 의기투합한 안도 다다오는 1988년 나오시마의 첫 번째 미술관 설계를 시작했다. 설계를 완성하는 데만 꼬박 2년이 걸렸다. 1992년 3월 나오시마의 첫 번째 미술관인 베네세 하우스 뮤지엄이 완공됐다. 나오시마 재생 프로젝트의 본격적

나오시나 미야노무라 포구 선착장 | 쿠사미 야요이의 작품 〈호박 시리즈〉 중 「붉은 점박이 호박 조각」이 방문객을 맞는다.

인 출발을 의미하는 건축물이다. 그래서 나 역시 나오시마의 첫 번째 일정을 이곳에서 시작했다.

나오시마 미야노무라 포구 선착장에 내리면 그 유명한 작품 '붉은 점박이 호박 조각'이 방문객을 맞는다. SNS 등 온라인을 통해 많이 소개된 덕분에 잘 알려진 쿠사마 야요이草間彌生의 〈호박 시리즈〉 중 하나다. 붉은 호박보다 더 유명한 「노란 호박」은 섬의 남쪽 베네세 하우스 입구 해변에 있다.

나는 선착장에서 버스를 타고 바로 베네세 하우스로 출발했다. 원래 안도 다다오는 버스가 아니라 작은 배를 타고 미술관 바로 앞 잔교에 내려서 계단 길과 바닷길을 따라 도보로 이동하도록 설계했다. 왜 굳이 불편한 이동로를 설계했는지는 잔교에서 뮤지엄을 바라보면 금방 알 수 있다.

베네세 하우스 뮤지엄은 건물의 절반 정도가 땅속에 묻혀 있는

베네세 하우스 뮤지엄의 테라스 | 세토나이카이의 절경이 실내공간과 이어지며, 자연환경과 일체감을 강조하는 공간의 흐름에서 건축가의 생각이 느껴진다.

형태다. 섬의 지형을 바꾸지 않고 지형 그대로에 건물이 비집고 앉은 형상이다. 바로 정문 앞이 아니라 조금 떨어진 바닷가 잔교에서 건물을 올려다보면 미술관은 절반이 땅에 묻혀 보이지 않는다. 있는 것을 활용해 없는 것을 만드는 프로젝트의 의미가 직관적으로 다가온다.

  뮤지엄 건물의 특징은 노출 콘크리트와 돌로 쌓은 자연 석축이다. 건물을 보고 '역시 안도 다다오!'라는 생각에 슬며시 웃음이 났다. 노출 콘크리트는 그의 대부분의 작품에서 찾을 수 있는 트레이드마크다. 외관뿐만 아니라 실내 역시 노출 콘크리트로 마감하고 있다. 지상으로 솟은 공간에서 건물 내부로 빛이 넘칠 듯 풍성하게 들어온다. 세토나이카이의 절경을 감상할 수 있는 외부의 테라스도 실내 공간과 자연스럽게 이어진다. 자연환경과 일체감을 강조하는 공간의 흐름에서도 안도 다다오의 생각이 느껴진다.

2장 건축, 인간과 도시와 자연의 공존을 말하다 125

베네세 하우스 뮤지엄의 원형 전시실 | 브루스 나우먼의 설치작품 「100개의 삶과 죽음」이 네온사인을 밝히고 있다.

이곳에는 영국의 설치미술가 리처드 롱Richard Long, 그리스의 거장 야니스 쿠넬리스Jannis Kounellis, 일본의 사진작가 스키모토 히로시杉本博司의 작품들이 있다. 주 공간인 원형의 전시실에는 '죽기 전에 봐야 할 100개의 작품'으로 선정된 미국의 현대미술가 브루스 나우먼Bruce Nauman의 설치작품인 「100개의 삶과 죽음」이 있다.

문화예술의 공간에 생활이 들어서다

뮤지엄이 완공되고 3년 후인 1995년 별관으로 오벌 호텔이 지어졌다. 베네세 하우스의 부티크 호텔로서 뮤지엄보다 조금 더 높

오벌 호텔 | 뮤지엄이 완공되고 3년 후에 별관으로 지어진 오벌 호텔은 왜 안도 다다오가 위대한 건축가인가를 보여주는 걸작이다.

은 정상에 지어졌다. 오벌 호텔은 왜 안도 다다오가 위대한 건축가인가를 보여주는 걸작이다.

연면적 598제곱미터에 객실은 6개밖에 안 되고 산악 모노레일로만 접근이 가능하다. 산악 모노레일을 타고 약 3분 정도 올라가면 물의 정원과 만난다. 물의 정원은 중정 구조다. 타원형 수조를 중심으로 객실이 배치돼 있으며 드러난 하늘에는 낮에는 구름과 햇빛이 들어오고 밤에는 무수히 빛나는 별빛이 고스란히 담긴다. 계단을 따라 위로 오르면 옥상 정원이 나온다. 나오시마에서 제일 높은 곳으로 세토나이카이의 아름다운 풍광을 제대로 조망할 수 있다. 이곳에 서면 세계적 건축 명장들이 공통되게 강조했던 "건축

오벌 호텔의 중정 | 타원형의 물의 정원을 중심으로 객실이 배치돼 있으며 드러난 하늘을 통해 낮에는 햇빛이, 밤에는 무수히 빛나는 별빛이 고스란히 담긴다.

은 형태가 아니라 빛과 주변 지형과의 조화가 핵심입니다."라는 말이 저절로 이해된다. 물론 안도 다다오가 물의 건축과 빛의 건축을 지향하는 건축가라는 사실도 새삼 다시 확인할 수 있다.

뮤지엄에서 3킬로미터 떨어진 섬의 반대쪽 혼무라本村 지구는 나오시마가 진정한 예술의 섬이라는 걸 보여주는 곳이다. 실제 주민들이 거주하는 작은 마을 혼무라는 인구가 줄고 고령화되면서 빈집이 늘어나고 있었다. 베네세 문화재단은 이 마을에 현대예술을 접목해서 활기를 불어넣고 미래에 대한 희망도 찾아보자며 '이에家 프로젝트'를 시작했다. 안도 다다오와 협력한 예술가들이 한 집에 작품을 하나씩 설치하는 방식이다. 작품은 예술가와 마을 주

이에 프로젝트 | 마을이 고령화되면서 빈집이 늘어나자 예술가들이 한 집에 작품을 하나씩 설치하여 마을에 활기를 불어넣었다.

미나미데라 | 건축과 예술의 합작으로 탄생한 공간으로 제임스 터렐의 작품 「달의 이면backside of the moon」을 감상할 수 있다.

민들이 함께한 흔적이 있어서 더욱 친근한 감동을 준다. 제일 유명한 작품은 안도 다다오가 개조한 옛 신사에 세계적인 빛의 예술가 제임스 터렐James Turrell의 손길을 더한 공간 인 미나미데라南寺이다. 이곳은 찾는 사람들이 많아 성수기에는 긴 줄을 설 정도라고 한다.

나오시마는 위대한 건축물과 독특한 예술작품들로 가득한 잘 기획된 공간이면서 동시에 오랫동안 터를 이어 온 사람들의 삶이 존재하는 곳이다. 아버지 후쿠다케 데츠히코의 뜻을 이어받은 후쿠다케 소이치로 사장은 안도 다다오를 비롯해 전 세계 예술가들과 의논을 거듭하며 30여 년 세월에 걸쳐 거대한 문화 공간을 꾸몄다. 이 과정에서 베네세 문화재단은 주민들을 대상으로 1,000여 회가 넘는 설명회를 했다고 한다. 아마 이런 노력은 주민들의 삶을 나오시마의 정체성과 분리할 수 없다고 생각했기에 가능했을 것이다.

지중미술관 | 숲, 바다, 하늘이 어우러지는 나오시마의 환경을 해치지 않기 위해 땅 속에 지은 미술관이다.

땅속을 빛과 그림자로 신비롭게 만들다

지중미술관은 2004년 7월 완공되었고 나오시마를 명실공히 세계적인 명소로 만들었다. 지중미술관은 이름 그대로 땅속에 지은 건물이다. 베네세 하우스 뮤지엄은 일부가 산으로 파고들었지만 지중미술관은 아예 땅속으로 들어가버렸다. 숲, 바다, 하늘이 어우러지는 나오시마의 환경을 해치지 않기 위한 설계다.

어떻게 지하에 만든 미술관이 세계적인 건축물로 인정을 받을 수 있었을까? 궁금증을 품은 채 지중미술관으로 향했다. 매표소에서 미술관까지 좀 떨어진 거리에 있어서 오르막길을 꽤 걸어야 했지만 지루하지는 않았다. 오히려 걷는 도중 길옆으로 마치 모네의 작품을 연상케 하는 연못을 만나는 작은 즐거움도 느낄 수 있다.

낮은 구릉의 정상에 오르면 안도 다다오의 트레이드마크인 노출

지중미술관 외부 | 매표소에서 지중미술관으로 가는 길옆에 마치 모네의 작품을 연상케 하는 연못이 있다.

지중미술관 입구 | 낮은 구릉의 정상에 오르면 안도 다다오의 트레이드마크인 노출 콘크리트로 만든 입구가 나온다.

콘크리트로 만든 입구가 나타난다. 지하에 있는 건물이라 외관에서 눈길을 사로잡을 만한 특징을 찾기 어렵다. 하지만 입구로 들어서면 다르다. 지중미술관 내부의 분위기는 한마디로 신비롭다. 분명 땅속에 지은 건물인데 실내는 구석구석 자연의 빛으로 가득하다. 항공 사진을 보면 그 이유를 알 수 있다. 산 정상에 난 사각형과 삼각형 모양의 홀이 땅속으로 빛을 끌어들이는 것이다. 지중미술관은 자연광을 이용한 전시가 가능하도록 설계됐다. 안도 다다오는 미술관 설계에서 가장 중요한 점은 '빛과 그림자의 균형'이라고 말한다. 빛의 아름다움이나 그것이 비추는 공간을 잘 느끼려면 어둠이 필요하다. 빛의 진정한 아름다움을 경험하기 위해서는 건축물 내의 인공조명을 제한해야 한다는 주장이다.

지중미술관의 인기 갤러리 모네룸Monet Room은 모네의 초대형 작

지중미술관의 모네룸 | 자연광만으로 채워진 갤러리는 모네가 작품을 완성했을 때 당시의 빛을 관람객이 그대로 느낄 수 있게 하려는 건축가의 의도가 담겨 있다.

품 「수련」을 비롯한 3점의 작품을 전시하는데 조명은 자연광이 전부다. "모네가 그 작품들을 완성했을 때 당시의 빛을 관람객이 그대로 느낄 수 있게" 하려는 안도 다다오의 의도다. 실제로 지중미술관의 작품들은 시간대에 따라 다르게 보인다. 빛의 방향과 양 그리고 색감에 따라 미묘하게 달라진다. 마치 자연의 해석을 듣는 듯해 작품을 감상하는 내내 묘한 기분을 느끼게 된다.

지중미술관은 클로드 모네Claude Monet, 월터 드 마리아Walter de Maria, 제임스 터렐James Turrell 등 3인의 작품을 영구 전시한다. 후쿠다케 일가의 개인 소장품이었던 모네의 작품들을 전시한 모네룸은 사람의 손으로 가공한 가로세로 2센티미터×2센티미터 크기의 하얀 대리석 70만 개로 마감한 바닥이 인상적이다.

월터 드 마리아의 「타임, 타임리스, 노타임」은 작품과 전시 공간을 따로 떼어 내어 보기가 어렵다. 제단과 같이 넓고 높은 계단 한가운

월터 드 마리아의 「타임, 타임리스, 노타임」 | 천장 위로 쏟아져 들어오는 빛과 어우러져 작품과 공간이 신비로운 분위기를 자아낸다.

데에 커다란 검은 공이 놓여 있고 주변에 금박의 목조들이 배치돼 있다. 천장 위로 쏟아져 들어오는 빛과 어우러져 작품과 공간이 신비로운 분위기를 자아낸다. 제임스 터렐의 갤러리는 빛의 마술사로 불리는 그의 명성을 확인할 수 있다. 이곳에 전시된 「오픈 필드」는 체험하는 예술작품이다. 관람객들은 신발을 벗고 단상 위의 파란색 네모 공간으로 들어가 빛의 변화를 체감하게 되는데 환상적이다.

지중미술관에서 도보로 약 5분 거리에 재일한국인 현대미술가 이우환의 작품을 전시한 '이우환미술관'이 있다. 이 건축도 안도 다다오의 작품이다. 2010년 개관했는데 노출 콘크리트를 사용한 건물로 지중미술관과 비슷하다. 둘러보면서 '명상을 하기 참 좋은 곳'이라고 생각을 했는데 실제로 신발을 벗고 들어가는 '명상의

이우환미술관 | 재일 한국인 현대미술가 이우환의 작품을 전시한 미술관으로 안도 다다오의 노출 콘크리트 건축물이다.

이우환미술관의 '명상의 방' | 건축의 외형보다 내부에서의 체험을 중요시하는 건축가의 철학을 경험할 수 있다.

방'이 있어 깜짝 놀랐다.

나오시마는 건축의 외형보다 내부에서의 체험을 중요하게 생각하는 안도 다다오의 철학을 생생하게 경험할 수 있다. 이곳에는 주변의 환경과 사람을 압도하는 건축물을 찾을 수 없다. 숲으로 들어간 건축물은 자연의 빛을 가득 채운 공간을 경험케 하고 사람의 공간으로 스며든 예술은 삶을 품는다. 나오시마는 자연 앞에 한없이 겸손한 인공의 건축물이 사람과 자연을 연결하고 마침내 융합된 공존의 터를 만들어낼 수 있다는 걸 말하고 있다.

안도 다다오

일본의 건축가 안도 다다오는 세계를 무대로 왕성하게 활동하는 건축의 명장으로 1995년 프리츠커 상을 받았다.

1941년 일본 효고현 나루오하마라는 작은 시골 마을에서 태어나 독학으로 건축을 배워 세계적 거장의 자리에 오른 입지전적 인물이다. 그의 꿈은 고등학교 2학년 때까지도 프로 권투선수가 되는 것이었다. 하지만 권투선수로서 장래를 확신할 수 없었던 그는 졸업 후 공사 현장에서 일하며 건축과 인연을 맺었다. 청년 안도 다다오는 대학에서 건축을 배우지 못했지만 책을 통해 알게 된 근대건축의 거장 르 코르뷔지에Le Corbusier를 마음속 스승으로 품었다. 24세가 되던 해 가진 돈을 모두 털어서 세계 건축 여행을 떠나 러시아, 핀란드, 이탈리아, 그리스, 스페인, 남프랑스의 마르세유를 돌아보았다. 그는 마르세유에서 존경하는 르 코르뷔지에를 만날 생각이었지만 만나지 못했다. 그가 도착하기 한 달 전 르 코르뷔지에가 사망했기 때문이다.

안도 다다오에게 르 코르뷔지에의 건축은 큰 영향을 미쳤다. 안도 다다오 건축에 일관되게 적용되는 노출 콘크리트는 그 영향으로 이해된다. 안도 다다오는 노출 콘크리트를 쓰는 이유에 대해 "벽 안팎을 단번에 마감할 수 있고 제한된 예산과 대지 내에서 최대한 넓은 공간을 확보하고 싶다는 욕구 때문입니다."라고 밝힌 바 있다.

안도 다다오의 첫 작품은 1974년 선보인 스미요시 나가야住吉の長屋다. 스미요시 나가야는 콘크리트 박스형 주택인데 공간의 3분

의 1을 중정으로 설계했다. 이는 자연의 변화를 최대한 경험할 수 있도록 한 것이다. 공간과 자연을 접목하는 건축을 추구해온 정신이 잘 드러난다. 이 작품으로 1979년 일본 건축학회상을 받았다. 빛과 물의 건축가로 불리며 세계 곳곳에 자연을 입힌 건축 프로젝트를 진행했다. 대표작으로는 빛의 교회로 불리는 오사카의 이바라키 가스가오카 교회茨木春日丘教会, 홋카이도의 물의 교회水の教会, 상

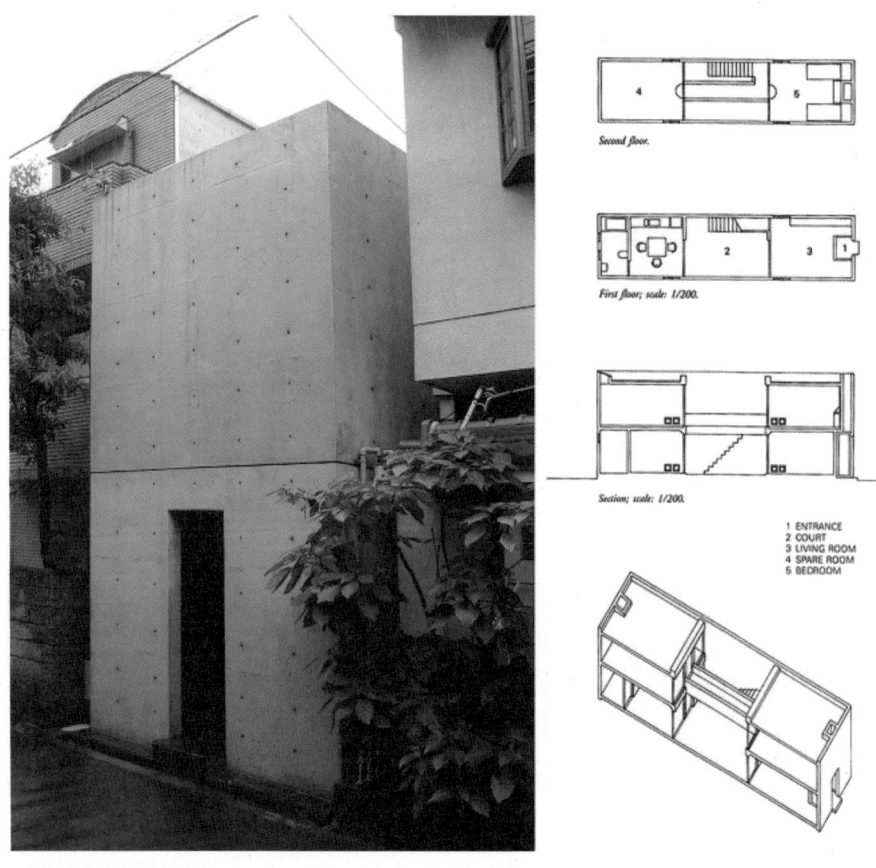

스미요시 나가야

하이의 폴리 그랜드 시어터上海保利大劇院 등이 있다. 국내에도 그의 건축물이 있다. 제주도의 글라스하우스와 본태박물관, 서울의 재능문화센터, 원주의 뮤지엄 산 등이다. 뮤지엄 산은 안도 다다오의 건축관과 건축 특징이 잘 드러난 작품이다. 이곳에는 제임스 터렐의 대표작 다섯 작품이 설치돼 있다. 전체 분위기는 나오시마와 닮았다.

일본 오사카의 이바라키 가스가오카 교회

일본 홋카이도의 물의 교회

제주도의 글라스하우스

중국 상하이의 폴리 그랜드 시어터

원주의 뮤지엄 산

| 핀란드 헬싱키 |

템펠리아우키오 교회

: 인간이 만들고 자연이 완성한다

핀란드 헬싱키는 스칸디나비아의 모더니즘 건축과 디자인을 이끌어가는 도시다. 헬싱키의 현대건축을 대표하는 걸작 중 템펠리아우키오 교회Temppeliaukion Kirkko는 바위 속을 파고 세운 건축물로 암석 교회로도 불린다. 태초의 자연을 최대한 활용한 설계로 인공의 건축이 자연과 융합돼 새로운 방식의 공존법을 보여주는 좋은 선례다. 핀란드의 건축가 티모 수오말라이넨Timo Suomalainen과 투오모 수오말라이넨Tuomo Suomalainen 형제가 설계했고 핀란드의 음악가와 음향 전문가가 참여해 세계적 음향 시설을 갖추고 있다. 교인들을 위한 종교 시설이자 동시에 지역 주민을 위한 문화 공간으로 사용된다. 전 세계에서 연간 50만 명의 사람들이 찾는 관광 명소이며 헬싱키를 대표하는 상징적 건축으로 꼽힌다. 핀란드 정부는 2004년 템펠리아우키오 교회를 역사적으로 보존 가치가 있는 건물로 지정했다.

소재지: 핀란드 헬싱키
건축가: 티모 수오말라이넨, 투오모 수오말라이넨
완공: 1969년

　우리에게 핀란드는 익숙한 나라는 아니다. 우리가 아는 것은 고작 숲과 호수의 나라이고 사우나와 산타클로스 마을이 있고 그리고 스칸디나비아 3국 중 하나라는 정도가 전부다. 낯설고 먼 나라로 느껴진다. 그런데 직항으로 날아가면 약 9시간 거리다. 알고 보면 핀란드는 북미나 다른 유럽의 국가들보다 가까운 곳에 있다.

　핀란드의 수도 헬싱키는 2012년 세계 디자인 수도로 선정됐을 만큼 디자인과 예술로 가득한 도시다. 건축, 인테리어, 가구, 가전 등 여러 분야에서 인기가 높은 북유럽 디자인의 힘을 도시 곳곳에서 느낄 수 있다. 도심의 건물, 광장, 기차역, 공원 등에 무심히 놓인 시설물 하나에도 디자인의 요소가 느껴진다. 핀란드 디자인은 과도한 장식을 배제한 단순함으로 설명할 수 있다. 핀란드의 건축도 이와 같은 특징을 명료하게 보여준다.

　수도 헬싱키는 디자인과 예술 그리고 현대건축을 경험하기 딱 좋은 도시다. 핀란드 현대건축의 진수라고 불리는 템펠리아우키오

템펠리아우키오 교회 | '암석교회'라는 이름으로 유명하며 '죽기 전에 꼭 가 봐야 할 건축물' 리스트에 올라 있는 매력적인 건축물이다.

교회Temppeliaukion Kirkko도 헬싱키에 있다. '암석 교회Rock Church'라는 이름으로 더 유명하다. 내가 헬싱키 여행을 떠난 건 바로 이 건축을 보기 위해서였다.

1969년 핀란드의 건축가 형제 티모 수오말라이넨과 투오모 수오말라이넨이 설계한 템펠리아우키오 교회는 세계의 유명 건축 잡지와 뮤지엄 잡지에 200회 넘게 소개됐고 '죽기 전에 꼭 가 봐야 할 건축물' 리스트에 올라 있는 아주 매력적인 건축물이다. 수천 년의 역사를 지닌 이름 있는 중세교회들을 제치고 기껏해야 50년

된 교회가 이같이 후한 평가를 받는 사실이 놀랍다. 직접 보면 그럴 만한 건축물이라는 데 이의를 제기할 수 없다.

빛을 활용하면서 주변 환경에 스며들다

핀란드 사람들의 문화예술에 관한 관심은 상당히 높다. 유럽 국가 중에서도 예술 분야에 대한 공적 지원이 많다. 핀란드가 해마다 세계에서 살기 좋은 복지국가에 이름을 올리다 보니 원래부터 부강했던 나라라고 생각할 수 있다. 하지만 핀란드는 파란만장한 역사를 걸어왔다. 과거 오랫동안 스웨덴과 러시아의 지배를 받았고 20세기 초 러시아로부터 독립한 후로도 여러 차례 구소련과 전쟁을 반복했다. 핀란드가 평화를 찾은 건 1944년이 돼서다. 우리처럼 굴곡의 근현대사를 갖고 있기 때문일까. 여름이 시작되는 6월에 핀란드로 떠난 건축 여행은 역사적 아픔의 동질감에서 시작됐다. 헬싱키는 아름다운 작은 섬들과 공원이 많은 도시다. 북유럽 특유의 소박하고 조용한 도시 풍경이 아름답다. 수준 높은 디자인의 현대건축이 많아서 현대건축의 여행지로 손꼽힌다.

최근 헬싱키를 찾는 사람들이 반드시 방문하는 핫스폿은 2018년 개관한 아모스 렉스 미술관Amos Rex Museum이다. 핀란드 현대건축의 특징을 제대로 보여주는 대표적 건물이다. 이 미술관은 라시팔라치 광장 위가 아니라 지하에 있다. 광장에서 볼 수 있는 건 유리천장으로 마감한 몇 개의 불룩 솟은 돔이 전부다. 이 유리천장을 통해 지하 미술관의 사람들과 광장의 사람들이 서로 눈을 마주치고 손을

아모스 렉스 미술관 | 2018년에 개관한 미술관으로 헬싱키의 역사와 시민들의 추억을 간직한 광장을 그대로 보존하기 위해 라시팔라치 광장 지하에 지어졌다.

흔든다. 지하에 건축물을 지은 이유는 헬싱키의 역사와 시민들의 추억을 간직한 광장을 그대로 보존하기 위해서라고 한다.

미술관 바로 옆엔 '침묵의 교회'라고 부르는 캄핀카펠리Kampin Kappeli 예배당이 있다. '정말 건축물 맞아?' 하는 의문이 떠오를 정도로 사람들이 지나는 거리에 커다란 타원형의 나무통을 무심히 놓아둔 듯 보인다. 작은 단상과 의자 몇 개가 전부다. 이곳에 연간 30만여 명이 찾아와 묵상의 시간을 갖는다고 한다. 이들 건축물이 등장하기 전까지 헬싱키의 랜드마크는 헬싱키 중앙도서관 오디Oodi였다. 핀란드 현대건축의 미를 경험할 수 있는 명소다.

헬싱키에서 마주한 핀란드의 현대건축에서 두 가지 공통점

캄핀카펠리 예배당 | '침묵의 교회'로 불리며 내부에는 작은 단상과 의자 몇 개가 전부이지만 연간 30만여 명이 찾아와 묵상의 시간을 갖는다.

헬싱키 중앙도서관 오디 | 핀란드는 일조량이 적다는 기후적 특성 때문에 자연의 빛을 적극적으로 활용하는 디자인이 눈에 띈다.

을 발견하게 된다. 하나는 빛이다. 핀란드는 일조량이 적다는 기후적 특성 때문에 자연의 빛을 적극적으로 활용하는 디자인들이 눈에 띈다. 또 하나는 주변 환경에 그대로 스며드는 방식의 설계다. 도심 한가운데 건축물을 지으면서 지하 광장으로 들어가는 혁신적 사고는 다른 나라에서는 쉽게 찾기 어렵다. 도시의 맥락을 읽고 나니 머리가 끄덕여졌다. 헬싱키를 오기 전 미디어에서 접하고 신기하게만 여겼던 템펠리아우키오 교회의 스토리를 조금 더 잘 이해할 수 있었다.

자연과 사람의 공존을 이야기하다

템펠리아우키오 교회는 헬싱키 중앙역에서 북서쪽으로 약 1킬로미터 떨어진 템펠리아우키오 광장 근처에 있다. 템펠리아우키오 교회는 우리나라로 치면 자그마한 동네 교회다. 이름이 길고 어려워서 대부분 별칭인 암석교회로 부른다. 단단한 암석 속에 교회를 짓다니 이방인의 시각으로는 놀랍기 그지없지만 핀란드라면 이해가 간다. 매우 자연 친화적 디자인을 추구하는 핀란드 디자인의 방식이다.

암석교회는 핀란드의 국교이자 국민의 약 70%가 믿는 루터교의 교회다. 교구가 교회를 건립하기로 처음 계획을 세운 건 1906년이다. 하지만 전쟁 등을 거치면서 계획이 무기한 연기됐다. 1961년에 이르러 모두 3차례의 공모전을 거쳐 마침내 핀란드의 건축가이자 가구 디자이너 티모와 투오모 수오말라이넨 형제가 선정됐다. 건

교회 입구 | 바위산을 활용하되 안으로 들어가는 방식으로 바위산을 보존함으로써 지역의 정체성을 유지하고 자연과 함께 살아가는 핀란드적 삶을 표현한다.

축가 형제의 아이디어는 매우 기발했다. 마을 한가운데 넓게 자리를 차지하는 바위산을 활용하되 그 위가 아닌 안으로 들어가는 방식을 제안한 것이다. 오랫동안 지역을 지켜 온 바위산을 보존함으로써 지역의 정체성을 유지하고 또 자연과 함께 살아가는 핀란드적 삶을 표현한다는 이유에서다. 이토록 창의적인 아이디어는 수오말라이넨 형제 중 동생 투오모의 영향이 아닐까 생각된다. 핀란드 국방성에서 근무한 이력이 있는 투오모는 지하 요새에 익숙했다고 한다. 단단한 화강석 바위산을 다이너마이트로 발파한 후 암석을 쪼아내 공간을 만들었다. 아무래도 그러한 발상을 한 데는 군대 경험이 도움이 됐을 것이다.

수오말라이넨 형제의 디자인이 선정된 후에도 템펠리아우키오 교회는 실제 착공까지 긴 기다림의 시간을 버텨야 했다. 예산 문제로 디자인을 수정해야 했고 규모도 축소됐다. 무엇보다 혹독한 여론의 비판과 마주해야 했다. 처음 설계안이 발표됐을 때 호의적이었던 여론이 시간이 지나면서 나빠지는 반전이 펼쳐진 것이다. 특히 종교단체와 학생단체의 반발이 심했다. 교회를 짓는데 '지하 벙커가 웬 말이냐.' '악마의 소굴 같다.'라는 비판이 거셌다. 엄청난 진통 속에서 프로젝트는 7년간 표류했다. 그러다가 1968년 3월에 드디어 공사에 착수할 수 있었다.

1969년 완공 후 템펠리아우키오 교회는 또 다른 반전의 스토리를 썼다. 개관 후 1971년까지 약 2년 동안 10만 명이 방문했다. 지금은 연간 50만 명 정도가 찾는 세계적인 명소가 됐다. 비난 여론에 시달리며 마음고생을 한 건축가 형제들에게 이보다 짜릿한 보상은 없을 것이다. 템펠리아우키오 교회는 독특한 외관과 아름다운 공간을 갖춘 건축물이다. 이곳은 단지 교인들의 예배만을 위한 폐쇄적 공간이 아니라 결혼식장, 장례식장, 콘서트장 등 지역 주민에게 문화의 공간으로 개방되고 있다.

템펠리아우키오 교회를 돌아보며 보여주는 건축물이 아니라 사람들이 콘텐츠를 경험할 수 있고 생산성이 있는 건축물의 가치에 대해 많은 생각을 하게 됐다. 지속가능한 건축이란 건축물이 건립된 후 지역 사람들에게 어떤 기능을 할 것인지를 고민할 때 답을 찾을 수 있다.

180개 창문으로 쏟아지는 빛이 공간을 채우다

템펠리아우키오 교회는 바위산 입구까지 가도 교회임을 쉽게 알아채기 어렵다. 교회 이름이나 그 흔한 종탑도 없다. 철골 조각품 같은 자그마한 십자가도 그나마 눈에 띄지 않게 놓여 있다. 누군가는 돌무덤 같아 보인다고 한다. 우리나라 사람들에게 특히 익숙한 모습이다. 경주의 천마총처럼 전체 외형이나 입구 등 분위기가 고대 왕릉의 무덤을 연상케 한다. 낮고 컴컴한 입구 위로 돌을 쌓아 올린 모습이 좀 으스스한 느낌을 주지만 그건 여기까지다.

교회 외관 | 경주의 천마총처럼 전체 외형이나 입구 등 분위기가 고대 왕릉의 무덤을 연상케 한다.

교회 내부 | 돌로 쌓은 벽과 바위산을 굴착한 암벽이 그대로 노출된 벽면, 둥근 천장의 웅장한 광경, 천장과 벽의 경계에 360도로 둘러 배치된 유리창이 완벽한 조형미를 연출한다.

　로비를 지나 교회당의 문을 열고 실내로 들어서는 순간 전혀 다른 세상에 들어선다. 소박하다 못해서 어수룩해 보이는 교회 외관을 보고는 상상할 수 없던 풍경이 눈앞에 펼쳐진다. 바위산을 굴착한 암벽과 돌로 쌓은 벽이 그대로 노출된 벽면, 둥근 천장의 웅장한 광경, 천장과 벽의 경계에 360도로 둘러 배치된 180개의 유리창이 완벽한 조형미를 연출한다. 창을 통해 쏟아져 들어온 빛이 바위 속 원형의 공간을 가득 채운다. 템펠리아우키오 교회는 인간이 만들었지만 건축물을 완성한 건 자연의 빛과 돌이었다.
　우리가 흔히 알고 있는 중세교회의 실내 디자인과도 차이가 있다. 화려한 조각상이나 스테인드글라스 등이 전혀 없다. 불규칙한 돌 표면의 아름다움이 돋보이도록 하다 보니 일반적으로 교회에서

교회의 장식 | 불규칙한 돌 표면의 아름다움이 돋보이도록 일반적인 교회 장식을 철저하게 배제하며 루터파 교회의 교리인 검소함을 느끼게 한다.

사용하는 장식도 모두 생략했다. 장식성을 철저하게 배제한 것이다. 루터파 교회의 교리인 검소함이 느껴진다.

천연 암석이 그대로 노출된 벽과 노출 콘크리트만으로 마감한 공간은 정갈하다. 노출된 암석 사이로 물이 비치고 벽에는 이끼가 자라기도 한다. 이 공간에서 인공적인 것은 최대한 절제됐다. 마치 오랜 세월을 거쳐 자연이 만들어놓은 공간에 인간이 들어가 교회를 들여놓은 듯한 착각이 들 정도다. 이처럼 건물의 외벽 공사를 따로 하지 않은 덕분에 시공사는 공사 기간을 단축하고 예산도 아낄 수 있었다고 하니 일거양득의 효과다.

750여 석의 예배당 의자는 절제된 보랏빛으로 엄숙한 분위기를 더한다. 목사가 설교하는 제단은 화강암을 잘라 소박하게 만들었고

제단과 제대 | 제단은 화강암을 잘라 소박하게 만들었고 제대는 녹색과 흰색과 나무색으로 벽면의 화강암의 색깔에 맞춰 디자인됐다.

제대는 녹색과 흰색과 나무색을 입혔다. 벽면의 화강암을 자세히 보면 빨강, 보라, 회색의 빛이 감도는 걸 발견할 수 있다. 자연이 만든 돌의 색깔에 맞춰 실내의 색을 디자인한 섬세함이 돋보인다.

지름 24미터의 둥근 천장도 아주 멋지다. 보기에만 멋진 게 아니고 특별한 기능을 한다. 22킬로미터에 달하는 동판 띠 Copper Strip로 시공한 천장은 음향 효과를 위한 것이다. 이 교회는 설계할 때부터 음향 전문가와 지휘자가 적극적으로 참여했다. 건설 당시 핀란드의 유명한 지휘자 파보 베르글룬드 Paavo Berglund는 벽면이 자연석일 때 훨씬 더 부드러운 음향이 연출된다는 것을 직접 확인하고 실내에 아무런 마감재를 쓰지 말 것을 요구했다고 한다. 뛰어난 음향 시설을 갖춘 덕분에 지역 주민들은 해마다 200회 정도의 음악회

교회의 천장 | 22킬로미터에 달하는 동판 띠로 시공한 지름 24미터의 둥근 천장은 교회의 음향효과를 위한 것이다.

교회의 음향설계 | 핀란드 지휘자 파보 베르글룬드는 자연석 벽면에서 훨씬 더 부드러운 음향이 연출된다는 것을 확인하고 실내에 마감재를 쓰지 말 것을 요구했다.

를 즐길 수 있게 됐다. 한쪽 벽면에 붙어 있는 3,100개의 파이프가 내장된 4단 오르간이 천연 화강암과 빛이 만든 공간에서 어떤 소리를 낼지 정말 궁금했다. 하지만 내가 갔을 때는 아쉽게도 연주를 들을 기회는 없었다.

워낙 유명한 곳이라서 실내는 관광객들로 늘 북적인다. 어쩔 수 없는 상황이라 천천히 돌아다니며 구경을 하고 잠시 자리에 앉았다. 어느새 단체 관광객들이 빠져나가고 고요한 시간이 찾아왔다. 비로소 좌석에 앉아 조용히 기도하는 사람들이 눈에 들어왔다. 하늘에서 쏟아지는 빛과 자연이 만든 돌과 나무 의자뿐인 공간에서 오로지 기도에 집중하는 사람들을 보며 잠시 명상에 잠겼다.

템펠리아우키오 교회는 태초의 자연을 훼손하지 않기 위해 바위에 숨어들었고 사람들의 추억이 있는 공간을 보존하기 위해 광장의 지하로 내려갔다. 이러한 핀란드의 현대건축들은 도시가 영속하기 위해 건축이 해야 할 일이 무엇인가에 대한 새로운 제안을 담고 있었다. 미래 세대들이 우리가 지금 누리는 환경을 똑같이 즐길 수 있게 하고 또 우리가 사는 동안 지역이 활기를 잃지 않도록 하는 것은 지금 세대의 책임이다. 템펠리아우키오 교회 의자에 앉아서 따사로운 햇볕을 받으며 지속가능한 건축의 참 의미를 곱씹던 기억이 마음속 깊은 울림으로 남아 있다.

티모와 투오모 수오말라이넨

티모 수오말라이넨과 투오모 수오말라이넨은 핀란드의 형제 건축가다. 각각 1928년과 1931년 출생했다. 두 사람 모두 헬싱키 공과대학에서 건축을 공부했다.

형제는 핀란드 라펜란타Lappeenranta의 사우스 사이마 직업학교South Saimaa Vocational School의 일반 디자인 공모전에 참여해 1위에 당선된 것을 계기로 함께 건축사무소를 열었다. 1988년 동생 투오모가 죽기 전 때까지 공동으로 운영했다. 1961년 템펠리아우키오 교회 디자인을 할 당시 두 사람 모두 헬싱키 공과대학에서 조교로 근무했다. 티모는 핀란드건축가협회SAFA 명예회원이다.

수오말라이넨 형제의 건축은 구조의 재료와 시각화에 중점을 둔 것이 특징이다. 그들은 합리적인 설계를 훼손하지 않으면서 기능적 솔루션을 실현하는 방식을 추구했다. 건축의 현장을 존중하는 건축가답게 자연이 건축에 들어오는 디자인을 종종 선보였다.

이들의 대표작은 단연 템펠리아우키오 교회다. 핀란드식 모더니즘 양식*을 보여주는 템펠리아우키오 교회 외에는 세계적으로 주목을 받은 작품은 없다. 주요 작품은 핀란드 에테리 마을의 메시켐멘 호텔Hotelli Mesikämmen, Espoonlahti, 에스포의 에스폰라흐티 교회Espoonlahti Kirkko 등이 있다.

---

* 부록- 모더니즘 건축 참고

핀란드 에테리의 메시켐멘 호텔

핀란드 에스포의 에스폰라흐티 교회

| 오스트리아 빈 |

훈데르트바서 하우스

: 시대를 앞선 철학으로 자연의 집을 짓다

훈데르트바서 하우스Hundertwasser House는 1986년 오스트리아 빈에 들어선 사회주택이다. 주민 52세대가 거주하는 생활 공간이자 빈을 대표하는 현대건축이자 관광 명소 중 하나다. 프리덴스라이히 훈데르트바서Friedensreich Hundertwasser는 화가로 출발해 건축가로 활동했다. 그는 기능주의와 실용주의에 바탕을 둔 현대건축이 사람을 병들게 한다고 생각해 인간과 자연은 공존해야 한다는 신념을 건축에 쏟았다. 자연을 닮은 원색과 자연의 선을 의미하는 곡선 등 자연의 요소를 건축에 들여옴으로써 자연과 동화되는, 한마디로 유기체를 닮은 건축을 실천했다. 정형화되고 획일적인 공동주택에 거주하더라도 큰 건물 속 각자의 집은 개성을 표현하고 거주자가 창조적으로 공간을 구성하고 변경할 수 있어야 한다는 '창문권'을 주장했다. 훈데르트바서 하우스는 건축에 대한 인간의 권리를 대변하고 그 뜻을 상징하는 대표적 건축물이다.

소재지: 오스트리아 빈
건축가: 프리덴스라이히 훈데르트바서
완공: 1986년

베토벤, 브람스, 그리고 훈데르트바서. 오래전 동유럽 여행의 마지막 도착지로 오스트리아를 결정한 건 이 세 명의 거장이 남긴 예술의 발자취를 경험하기 위해서였다. 동유럽의 아름다운 유적과 자연 풍광을 감상하고 위대한 거장들의 작품을 보고 듣고 사유하는 동안에도 마음은 내내 예술의 도시인 오스트리아 빈에 가 있었다. 베토벤과 모차르트를 배출한 음악의 도시, 에곤 쉴레와 구스타프 클림트의 미술이 숨쉬는 도시, 그리고 화가이자 건축가인 프리덴스라이히 훈데르트바서의 건축을 볼 수 있는 도시가 바로 빈이다.

스페인에 가우디Antoni Gaudi가 있다면 오스트리아에는 훈데르트바서가 있다. 그 정도로 그의 건축은 국민적 사랑을 받고 있다. 빈에는 그의 대표작 훈데르트바서 하우스를 비롯해 작품들이 많이 있다. 전 세계 사람들이 훈데르트바서 하우스와 칼케 빌리지Kalke Village, 쿤스트하우스 빈Kunst Haus Wien, 슈피텔라우 쓰레기 소각장Müllverbrennungsanlage Spittelau 등을 보기 위해 빈을 찾는다. 그중 으뜸

훈데르트바서 하우스 외관 | 비정형성이 주는 뚜렷한 개성은 사각형 건축의 틀에 갇힌 삶을 거부한 건축가의 주장을 생생하게 담고 있다.

은 단연 훈데르트바서 하우스다. 이곳은 건축가의 고집스러운 철학이 천재적 예술성으로 표현된 상징적 건축물이다.

빈의 구도심 케겔가 3번지에 들어서면 멀리서도 훈데르트바서 하우스의 존재감을 느낄 수 있다. 특유의 곡선과 색감을 보는 순간 심장이 먼저 반응한다. 이 재미있는 건축물을 어떻게 설명하면 좋을까? 가까이 다가가 건물의 구석구석을 살펴보는데 재미가 주는 흥미는 얼마 안 가서 곧 경이로움으로 변한다.

똑같은 부분이 한 곳도 없다. 그런 비정형성이 주는 뚜렷한 개성은 사각형 건축의 틀에 갇힌 삶을 거부한 건축가의 주장을 생생하게 담고 있다. 훈데르트바서는 사람들이 어쩔 수 없이 콘크리트로 만든 공동주택의 한정된 공간에서 살더라도 자연과 더불어 살 수 있는 권리와 자신의 집을 자유롭게 표현하고 구성할 권리를 인정하는 것이 건축가의 의무라고 생각했다. 그의 건축에 대한 반응은 처음에는 엇갈렸지만 이곳에 사는 주민들이 변하기 시작했다. 서로 밝게 인사를 나누며 활기찬 생활이 시작되었고 마을 전체에 활기가 넘쳤다. 훈데르트바서가 단순히 곡선을 사랑한 건축가라는 평가를 넘어 집으로써 사람들과 도시를 치료하는 건축치료사가 된 이유다.

누구나 자신의 공간을 창조할 권리가 있다

"사람이 입주한 순간부터 집은 함께 자란다."

훈데르트바서가 한 말이다. 그의 건축관을 엿볼 수 있다. 자연과 인간의 조화를 꿈꾼 자연주의 건축가 훈데르트바서는 건축물에 자연의 특성을 도입함으로써 자연과 인공의 경계가 허물어지고 하나의 유기체가 돼가는 건축을 직접 실천했다. 그래서 훈데르트바서 하우스를 단지 재미있는 집으로만 이해하는 것은 충분하지 않다. 이 건축물의 독특한 디자인은 재미와 개성을 넘어 건축의 본질은 인간의 행복이라는 사실을 매우 진지하게 이야기하고 있다.

훈데르트바서의 원래 이름은 프리드리히 슈토바서Friedrich Stowasser다. 훈데르트바서는 '평화롭고 풍요로운 곳에 흐르는 100개의 강'이라는 뜻이다. 그가 직접 지은 예명인데 자연과 공존하는 삶을 얼마나 사랑했는지 알 수 있다.

훈데르트바서는 화가로 활동하다가 건축가가 됐다. 건축을 체계적으로 배운 적이 없는지라 대부분 프로젝트는 다른 건축가와 협업을 했다. 그는 외관, 인테리어, 조경 등을 맡았고 다른 건축가는 공학 기술적인 부분을 담당하는 방식이었다. 훈데르트바서 하우스는 건축가 페터 펠리칸Peter Pelikan과 협업으로 진행됐다.

훈데르트바서의 건축 철학은 1972년 '당신의 창문에 대한 권리-당신의 나무에 대한 의무Your window right-Your tree duty' 선언에서 잘 드러난다. 그는 공동주택에 살더라도 아파트 창문 바깥쪽으로 팔이 닿는 정도의 범위에서는 벽돌 부분을 벗겨내거나 긴 페인트 붓으로 색칠을 할 수 있는 권리를 허용해야 한다고 주장했다. 즉 거주자가 집합건물에 살더라도 내부의 구조뿐만 아니라 외벽도 일정 범위까지는 스스로 꾸밀 권리가 있다는 주장이다.

훈데르트바서는 기능, 실용, 합리성을 추구하는 현대건축이 인간의 삶을 건물 안에 가두고 규격화함으로써 불행하게 한다고 생각했다. 건축은 일상의 삶을 규격화하는 틀에서 자유로워야 하며 그 안에 사는 사람들은 독자적으로 구조를 창조할 권리가 있다고 목소리를 높였다.

훈데르트바서 하우스의 개념도는 그의 생각을 단순하지만 명확하게 보여준다. 개념도를 가득 채우고 있는 건 땅과 사람 그리고 나무다. 그림은 마치 어린아이가 상상 속 집을 그린 듯 보여 웃음이 나오지만 '풀 한 포기와 나무 한 그루 역시 건축의 하나이며 함께 가야 한다.'라는 철학을 정말 쉽게 설명하고 있다.

훈데르트바서 하우스의 첫인상은 자유분방한 자연의 아름다움이다. 사람과 나무를 위한 집은 온통 구불구불한 곡선과 자연의 원

당신의 창문에 대한 권리-당신의 나무에 대한 의무 | 거주자가 집합건물에 살더라도 내부의 구조뿐만 아니라 외벽도 일정 범위까지는 스스로 꾸밀 권리가 있다는 주장이다.

색으로 가득하다. 건축물에 대한 인간의 권리를 이토록 창조적이고 예술적인 디자인으로 이야기할 수 있다니! 건축가 훈데르트바서의 위대함에 절로 고개를 숙이게 된다.

2장 건축, 인간과 도시와 자연의 공존을 말하다 169

훈데르트바서 하우스의 개념도 | '풀 한포기와 나무 한 그루 역시 건축의 하나이며 공생해야 한다.'라는 건축가의 철학을 담고 있다.

자연과 인간이 공생하는 건축을 꿈꾸다

훈데르트바서 하우스를 보고 나면 빈의 아름답고 고풍스러운 건물들이 갑자기 천편일률적으로 보인다. 놀이공원이나 동화 속 배경에 등장해도 어색하지 않을 모습이라고 생각했다. 나만 그렇게 생각한 건 아닌가 보다. 미국 디즈니사에서도 이 건물의 디자인을 애니메이션에 차용했다.

훈데르트바서 하우스는 빈 시의회의 의뢰로 지은 사회주택, 즉 임대주택이다. 대지면적 1,543제곱미터의 벽돌 건물로 도로의 한 블록을 다 차지하고 있다. 유명한 관광 명소지만 주민들이 실제로 거주하는 공간이다. 30~150제곱미터 크기의 52세대 주택, 어린이 놀이터, 정원, 공공 시설과 카페 등 상업 시설이 있다. 무엇 하나 평범한 부분이 없는 건축물에서 가장 눈을 사로잡는 건 옥상에서 자라는 키 높은 나무와 창문으로 불쑥불쑥 튀어나온 나뭇가지들이다. 훈데르트바서는 모든 생물이 공간을 가질 권리가 있다고 생각했다. '창문에 대한 권리' 선언에서도 도시에 나무를 심는 것은 의무라고 강조한 바 있다. 그는 '인간은 자연에 잠시 들른 손님'이므로 손님답게 자연을 존중하고 함께 공생하기 위해 노력하는 '합당한 행동'을 해야 한다고 강조했다. 건물 옥상에 정원을 마련해 나무에게 공간을 내준다. 건물 내부에도 나무를 심어 창문과 발코니 밖으로 머리를 내밀어 빛을 받을 수 있도록 한 디자인은 건축에 대한 뚜렷한 소신의 표현이다. 1985년 지어질 당시 심었던 약 250그루의 나무들이 지금까지도 잘 유지되고 있다고 하니 더욱 반갑다.

훈데르트바서 하우스는 집뿐만 아니라 주변 환경도 이색적이다.

옥상정원과 발코니 | 옥상과 내부에 나무를 위한 공간을 마련해 창문과 발코니 밖으로 빛을 받을 수 있도록 디자인됐다.

건물의 주변환경 | 건물 앞 인도의 바닥이 불쑥 솟아 올라 있는 지형 그대로 살려 보도블럭과 건물을 지었다.

건물 바로 앞 사람들이 지나다니는 인도의 바닥이 불쑥 솟아올라 있고 그 위에 보도블록을 그대로 얹혔다. 지각변동이라도 일어나서 땅이 불쑥 솟아오른 것이 아닌가 싶지만 이 역시 건축가의 의도다. 공사를 할 때 평평하게 밀어버렸다면 좀 더 편했을 것이다. 그러나 지형을 있는 그대로 두고 건물을 지었다.

삐뚤빼뚤한 1층 기둥들을 보면 건축물에 대한 모든 고정관념을 거부하는 건축가의 의지가 느껴진다. 모양이 제각각인 기둥에 형형색색의 타일로 장식된 모습이 만화적 상상력을 불러일으키는 데 부족함이 없다. 타일을 자세히 보면 크기와 모양이 모두 다르다. 대충 아무렇게나 붙인 듯하지만 같은 패턴이 하나도 없다. 철저하

1층 기둥의 타일 | 크기와 모양이 같은 패턴이 없이 제각각으로 철저히 계산되고 공들여 만들어졌다.

게 계산하고 공들인 예술작품이다.

   타일은 훈데르트바서 하우스의 외관과 내부에 고루 사용된 주요 소재다. 원색의 타일을 유기적인 형태로 사용하는 방식은 안토니 가우디를 연상케 한다. 실제로 훈데르트바서는 가우디의 영향을 많이 받았다고 한다. 그러나 그의 건축은 가우디의 건축과는 확연하게 다른 개성이 있다.

   벽을 작은 단위로 잘라서 빨강, 파랑, 노랑, 하양, 회색의 다양한 색으로 칠한 건축물의 입면은 커다란 퀼트 작품 같다. 창문도 같은 모양이 없다. 색이 다른 타일과 유리 조각들이 불규칙하게 붙어 있는 창문은 건축물에 재미를 불어넣는다. 대충 그은 듯한 선은 각 세대를 구분한다. 다른 색, 다른 질감, 다른 창으로 표현된 저마다

입면 디자인 | 다른 색, 질감, 창으로 표현된 독자적 주택으로 인지되며 거주자들은 멀리 외부에서도 자신의 집을 쉽게 구별할 수 있다.

의 세대들은 개성을 지닌 독자적 주택으로 인지된다. 거주자들은 멀리 외부에서도 자신의 집을 쉽게 구별할 수 있다. 훈데르트바서 하우스의 면과 색 그리고 선은 디자인이라기보다 규격화된 틀로서 대변되는 삶을 반대한 훈데르트바서의 목소리인 것이다.

색채 마술의 공간에 일상의 삶을 담다

훈데르트바서 하우스는 아쉽게도 내부를 볼 수 없다. 주민들의 생활 공간이기 때문이다. 그래서 훈데르트바서 하우스의 외관을 꼼꼼하게 본 후엔 바로 옆 칼케 빌리지Kalke Village를 들러야 한다. 칼케 빌리지도 훈데르트바서가 직접 디자인한 건물이다.

칼케 빌리지 | 훈데르트바서 하우스의 별관으로 상점, 카페, 레스토랑이 있다.

    칼케 빌리지는 훈데르트바서 하우스의 별관 정도로 이해하면 좋을 것 같다. 이곳엔 상점, 카페, 레스토랑이 있다. 실내 공간은 훈데르트바서의 자유분방한 색채와 곡선으로 가득하다. 타일로 장식된 내부 기둥도 모양이 제각각이고 바닥과 벽면을 장식하고 있는 타일과 오르내리는 계단도 직선이 아닌 들쭉날쭉한 곡선을 따라 모양을 내고 있다. 선명한 원색의 타일 장식 사이로 깨진 타일이 보인다. 그런데 이조차 멋스럽다.

    내부는 거대한 모자이크 캔버스다. 획일화되지 않은 생동감을 느끼며 자유롭고 유쾌한 기분에 절로 미소가 떠오른다. 이런 집에서 살면 어떤 기분일까? 방문객으로서 느낀 감정처럼 주민들도 유쾌하고 행복한 기분을 자주 느낄까? 직접 주민들의 생각을 알 방법은 없었다. 다만 1년 365일 내내 방문객이 많이 찾는 곳이라 오히려

칼케 빌리지 내부 | 내부 기둥도 모양이 제각각이고 바닥과 벽면을 장식하고 있는 타일과 계단도 곡선을 따라 모양을 내고 있다.

생활에 불편함을 느끼지는 않을지 염려가 됐다.

훈데르트바서 하우스에서 세 블록 정도 떨어진 거리에는 훈데르트바서의 또 다른 작품인 쿤스트하우스 빈이 있다. 현재 미술관으로 사용 중이다. 훈데르트바서 하우스에서 도보로 약 5분 정도면 충분히 닿는 거리에 있으니 보지 않을 이유가 없다.

훈데르트바서 하우스가 다채로운 색감과 아기자기한 매력이 충만한 곳이라면 쿤스트하우스 빈은 흑백의 색채로 세련된 분위기를 풍긴다. 물론 훈데르트바서의 고유한 디자인 특징들인 제각기 다른 크기와 모양의 창과 몇몇 창문 밖으로 튀어나온 나뭇가지와 장난감 집에서나 볼 수 있을 듯한 재미난 기둥이 방문객을 맞이한다. 이곳 미술관은 훈데르트바서의 작품을 주로 전시하고 있다.

훈데르트바서의 흔적을 따라가는 여정에서 오스트리아에서 두

쿤스트하우스 빈 | 흑백의 색채로 세련된 분위기를 풍기지만 훈데르트바서의 고유한 디자인 특징을 품고 있다.

로그너 바트 블루마우 리조트 | 자연과 예술의 조화를 이룬 이곳은 영화 「반지의 제왕」에 등장하는 호빗 마을의 모티프가 되었다.

번째 큰 도시인 그라츠Graz 인근에 있는 훈데르트바서가 디자인한 로그너 바트 블루마우 리조트Rogner Bad Blumau Resort에 1박을 하면서 훈데르트바서를 직접 체험할 기회를 가졌다.

자연과 예술의 완벽한 조화를 이룬 이곳은 영화 「반지의 제왕」에 등장하는 호빗 마을의 모티프가 됐던 곳이다. 외관은 '어른들을 위한 동화나라'라는 별칭이 아깝지 않았고 내부 객실도 훈데르트바서의 흔적으로 가득하다. 그런데 막상 체크인을 하고 나니 아쉬운 점이 있었다. 내부 구조가 복잡하고 객실까지 이동 거리가 멀었다. 바닥도 평탄한 곳이 한 군데도 없이 울퉁불퉁하여 여행가방을 끌고 가기가 불편했다. 여느 고급 호텔들과 다르게 효율적으로 동선을 계획하지 않았기 때문이다. 다른 때 같았으면 진즉에 불평을 늘어놓았을 것이다. 그런데 신기하게도 이곳에서는 불편함조차 자연스럽게 받아들여졌다. 훈데르트바서의 신념대로 자연에 순응한

리조트 외관 | '어른들을 위한 동화나라'라는 별칭에 걸맞는 리조트 디자인은 내부가 복잡하고 이동거리가 멀어 불편했지만 그 불편함조차 자연스럽게 받아들여졌다.

구조를 경험한다는 생각 때문이었을까? 의도된 불편함조차 뜻깊게 다가왔다.

　건축은 시대의 거울이며 사회의 초상이다. 훈데르트바서의 건축을 감상하며 시간을 보내는 동안 유독 실용성, 기능성, 효율성을 강조하는 우리의 건축 문화에 대해 많은 생각을 하게 됐다. 자연 공간은 경제성을 이유로 배제됐고 불편한 것들은 모두 밀어버렸다. 더 빨리 더 싸게 지을 수 있는 획일적 형태의 건축물에서 사는 것을 자연스럽게 여겼다. 건축물의 기준을 편리하고 기능적이고 실용적인 그리고 무엇보다 부동산으로서 가치가 좋아야 한다고만 생각했다. 그런 문화에서 건축이 삶에 어떤 영향을 미치는지 생각하고 이야기할 기회를 갖지 못했다. 대다수가 도시에 거주함으로써 점점 자연과 단절돼가고 있다. 그러다 보니 우리는 도시를 점점 더 삭막하게 만들고 있는 것은 아닐까? 과연 지금 우리의 삶은 안녕한 걸까? 훈데르트바서 하우스의 기억을 자꾸만 곱씹게 된다.

프리덴스라이히 훈데르트바서

1928년 오스트리아 빈에서 출생한 훈데르트바서는 인간과 자연의 공존을 강력하게 주장한 화가이자 건축가다. 그는 그림, 건축, 환경운동을 통해 건축철학을 지키고 변화를 촉구하는 실천가였다.

그는 어릴 적부터 색채와 형태에 대한 남다른 감각을 드러냈고 빈 미술아카데미에서 미술을 공부했다. 자유로운 삶을 지향했기에 화가로 활동하는 동안 작업실에 매어 있지 않았다. 유럽 전역을 여행하며 이동하는 기차 안과 레스토랑 혹은 야외 어디에서나 그림을 그린 것으로 유명하다. 그는 회화는 물론이고 뉴질랜드 국기, 우표, 동전, 포스터 디자인 등 다양한 디자인 작업을 하면서 화가로 이름을 알렸다. 1950년대 초 건축으로 활동 영역을 넓히기 시작했다. '메마른 건축이 사람을 병들게 한다.'라는 문제의식으로 건축가의 삶을 살게 됐다. 그는 피부, 의복, 집, 사회, 지구환경을 인간을 보호하는 '5개의 피부'라고 정의했다. 건물에 나무를 심는 아이디어 역시 건축으로 파괴된 자연의 피부를 공간으로 되돌려 주는 의미다.

그의 건축에는 밝은 원색, 유기적 형태, 인간과 자연의 조화, 강한 개성, 직선의 거부 등 화가로서 사용했던 예술의 요소가 모두 적용됐다. 자연에는 직선이 없고, 인간은 모든 자연의 생명체와 공존해야 한다는 신념을 건축에 쏟아부은 것이다.

1983년 디자인한 사회주택 훈데르트바서 하우스는 포스트모더니즘* 양식으로 분류된다. 쿤스트하우스 빈, 로그너 바트 블루마우 리조트, 로널드 맥도널드 하우스Ronald McDonald House, 산타 바르바

---

* 부록. 포스트모더니즘 건축 참고

네덜란드 발켄부르그의 로널드 맥도널드 하우스

라 성당Santa Barbara Kirche 등은 자연의 일부로서 건물을 유기적 형태로 해석한 대표적 작품들이다. 이 외에 마그데부르크의 녹색 요새Grüne Zitadelle von Magdeburg, 다름슈타트의 아파트Waldspirale, 바이에른 북부의 쿠흘바우어 타워Kuchlbauer Turm, 일본 오사카의 마이시마 소각장 등이 유명하다.

그는 황폐해진 현대 사회에서 삶을 변화시킬 수 있는 건 자연의 힘이라는 믿음으로 환경운동에 뛰어들었다. 그러한 건축 개념이 잘 표현된 작품은 빈의 슈피텔라우 쓰레기 소각장이다. 테마파크에나 있을 법한 알록달록한 건물은 혐오 시설의 이미지를 완전히 새롭게 바꿔놓았다. 훈데르트바서는 획기적인 디자인뿐만 아니라 쓰레기 소각 과정에서 발생하는 에너지로 온수를 공급하는 등의 아이디어를 내고 시 당국을 설득했다고 한다. 반핵운동에도 참여해 1984년 하인버그 원자력발전소의 공사를 중단시키기도 했고 식물을 단계적으로 이용한 자연 정수 시스템을 개발하거나 부식토

오스트리아 베른바흐의 산타 바르바라 성당 ⓒ위키미디어 커먼스

변기를 만들어 사용하기도 했다. 그는 환경건축가로서 열정적인 활동을 이어갔고 그의 열정적 활동은 세계를 감동시켰다. 미국의 워싱턴과 뉴질랜드는 그를 기리는 '훈데르트바서 환경 주간'을 지정했고 샌프란시스코는 '훈데르트바서의 날'을 선포했다.

그의 건축 작품은 오스트리아와 독일에 주로 세워졌으며 일본, 스위스, 미국, 뉴질랜드 등에도 남아 있다. 그는 자연과 공존하는 도시를 만들고 더불어 자연 속에서 잘 머물다 갈 수 있는 인간의 삶을 고민했다. 그리고 2000년 유람선 여행 중 태평양 위에서 잠들었다.

독일 마그데부르크의 녹색 요새

독일 다름슈타트의 아파트

독일 바이에른의 쿠흘바우어 타워

오스트리아 빈의 슈피텔라우 쓰레기 소각장

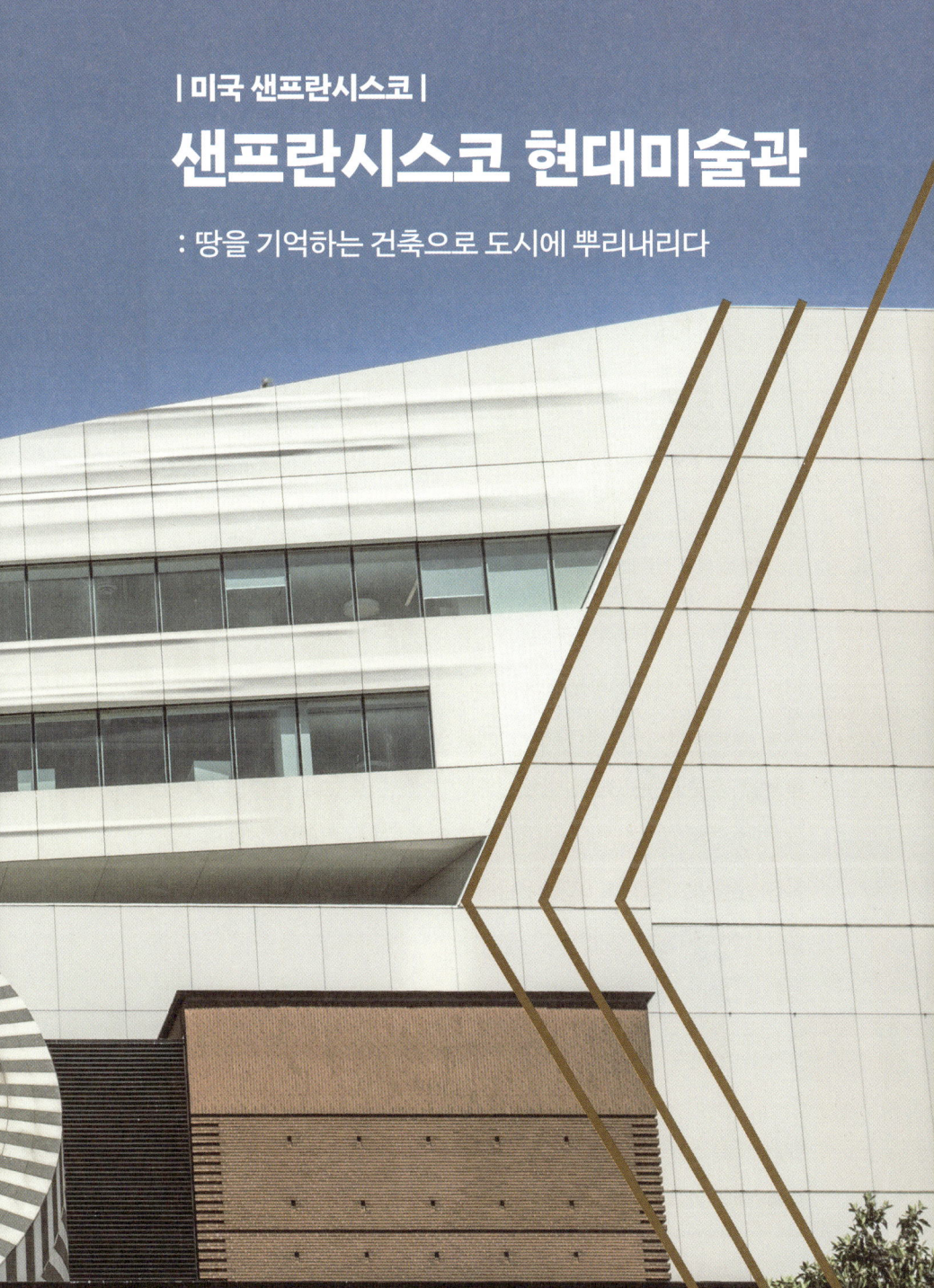

| 미국 샌프란시스코 |

샌프란시스코 현대미술관

: 땅을 기억하는 건축으로 도시에 뿌리내리다

샌프란시스코 현대미술관San Francisco Museum of Modern Art은 미국에서 뉴욕 현대미술관MoMA에 이어 두 번째로 많은 현대미술 콜렉션을 보유하는 등 서부 최대의 규모를 자랑한다. 미술관을 설계한 건축가는 세계적 건축 명장 마리오 보타Mario Botta다. 그는 '사람들에게 그들이 사는 지역을 설명할 수 있으며 정체성에 대한 욕구를 충족할 수 있는 건물'을 짓는 것으로 유명하다. 태초부터 그 지역의 것이었던 흙과 돌을 재료로 활용함으로써 그 땅에 굳건히 뿌리를 내리고 도시의 삶과 공존하며 마침내 삶과 융합하는 건축 철학을 추구한다. 샌프란시스코 현대미술관은 관광 안내 책자에 표지로 등장할 만큼 도시를 상징하는 대표적 건축물이다.

소재지: 미국 샌프란시스코
건축가: 마리오 보타
완공: 1995년

　미국 서부에서 LA에 이어 두 번째로 큰 도시 샌프란시스코를 하나의 특징으로 설명하기는 쉽지 않다. 샌프란시스코는 미국 히피 문화의 중심지이며 차별과 억압의 이슈에 앞장서서 저항해 온 도시다. 샌프란시스코 사람들은 다양한 문화가 공존하는 분위기 속에서 개방적이고 자유로운 예술을 탄생시켰으며 클래식하고 아날로그적인 문화를 즐긴다. 동시에 이곳의 실리콘밸리에서 세계 최고의 IT 기술이 탄생한다. 과거와 미래 그리고 자연과 도시가 멋지게 조화를 이루는 곳이다. 다채롭고 신나는 도시 분위기와 밝고 온화한 날씨 덕분에 미국에서도 살고 싶은 도시로 꼽힌다.

　페리를 타고 바다에서 바라본 도심의 스카이라인은 뉴욕의 맨해튼을 닮았다. 하지만 샌프란시스코를 대표하는 건축으로 마천루를 떠올리는 경우는 드물다. 도시를 상징하는 가장 유명한 건축물은 골든게이트 브리지Golden Gate Bridge, 바로 금문교다. 총 길이가 2,800미터로서 걸어서 건너면 40~50분이 걸리는 긴 다리다.

골든게이트 브리지 | 샌프란시스코를 상징하는 가장 유명한 건축물로 총 길이가 2,800미터로서 걸어서 건너면 40~50분이 걸리는 긴 다리이다.

1937년 개통 당시 세계에서 가장 긴 다리였지만 오래전에 기록을 다른 나라에 내주었다. 하지만 여전히 샌프란시스코의 랜드마크로서 시민과 여행자들이 자주 찾는 명소다.

샌프란시스코에서 꼭 봐야 할 건축 리스트에는 알라모 스퀘어에 있는 빅토리아풍 건축양식의 페인티드 레이디스Painted Ladies도 있다. 빅토리아풍 건축양식은 과거 제국주의 정책으로 경제적 풍요를 누린 빅토리아 여왕 시대의 건축 트렌드를 말한다. 고딕, 비잔틴, 로마네스크, 오리엔탈 양식이 복합적으로 결합된 디자인으로 유리나 철 등 신소재를 사용한 것이 특징이다. 원래는 영국 중산층의 보편적 건축양식이지만 1920년대 미국으로 오면서 상류사회의 건축양식이 되었다. 언덕길에 줄지어 서 있는 6채의 주택 페인티드 레이디스는 영화, TV, 엽서에 자주 등장하는 관광 명소다.

그리고 또 하나의 명소가 있다. 바로 샌프란시스코 현대건축의

페인티드 레이디스 | 빅토리아풍 건축양식은 원래 영국 중산층의 보편적 건축양식이었으나 1920년대 미국으로 오면서 상류사회의 건축양식이 됐다.

미를 보여주는 샌프란시스코 현대미술관San Francisco Museum of Art이다.

  약칭으로 에스에프모마SFMoMA로 부른다. 뉴욕 현대미술관MoMA에 이어 두 번째로 많은 현대미술 컬렉션을 보유하고 있는데다가 건축 자체의 유명세가 만만치 않아 사람들의 발길이 끊이질 않는다. 이 미술관은 스위스의 세계적인 건축가 마리오 보타의 대표작이다. 외관의 붉은 벽돌과 석재는 마리오 보타의 트레이드마크다. 그는 지역의 자연에서 얻은 건축 재료를 사용해 지역의 정체성을 지키면서 동시에 현대건축 디자인의 요소를 잃지 않음으로써 어느 문화권에서도 통할 수 있는 보편성을 유지한다. 그의 건축은 지역의 정체성을 현대적으로 재해석함으로써 건축, 도시, 사람이 공존하는 도시의 중요성을 말한다.

미술관의 외관 | 붉은 벽돌과 석재는 그 지역에서 얻은 건축 재료를 사용해 지역의 정체성을 지킴과 동시에 현대건축 디자인의 요소를 잃지 않고 있다.

벽돌과 석재로 기념비적 건축을 짓다

샌프란시스코 현대미술관은 1935년 20세기 미술품을 소장하고 전시할 목적으로 도심에 있는 시빅센터Civic Center의 참전군인회관에서 처음 문을 열었다. 미국에서는 뉴욕 다음으로 세워진 현대미술관으로서 샌프란시스코가 서부지역 현대미술의 중심지가 되는 데 큰 역할을 담당했다. 그 후 50년이 지난 1985년에 계속 늘어나는 소장품을 더는 감당할 수 없게 돼 신축을 결정하고 1988년 건축가 마리오 보타에게 설계를 의뢰했다. 마리오 보타는 1995년에 샌프란시스코 현대미술관의 설계로 미국건축가협회상을 수상했다.

마리오 보타는 우리에게도 꽤 친숙한 건축가다. 2003년 서울 강남에 들어선 교보타워를 시작으로 2004년 서울의 리움미술관과

2008년 제주 섭지코지의 아고라를 설계했고 2019년 경기도 남양 성모성지 대성당을 완공했다. 이 정도면 마리오 보타를 우리나라 사람들이 좋아하는 건축가라고 불러도 틀린 말은 아닐 듯싶다.

샌프란시스코 현대미술관은 도심의 중심 지역인 유니언 스퀘어에서 사우스 비치 방향으로 5분 정도 걸으면 닿을 수 있는 거리에 있다. 붉은 벽돌의 육중한 건축물은 미술관 주변의 밝고 날씬한 고층 빌딩들과 강렬한 대비를 이루며 시선을 붙잡는다.

일단 첫인상은 따뜻하다. 캘리포니아 특유의 밝은 햇살을 받아 붉은 벽돌의 건축물은 온화한 분위기를 풍긴다. 직선의 무게감 있는 형태에서 받을 수 있는 딱딱하고 차가운 느낌이 거의 없다. 미술관의 외관은 마치 거대한 상자를 여러 개 쌓아놓은 듯한 형태이며 중앙 상부에는 흰색과 검은색 줄무늬가 돋보이는 채광 탑이 있다. 얼룩말을 연상케 하는 줄무늬와 외벽의 붉은 벽돌이 일정한 패턴을 만든다. 줄무늬와 패턴은 마리오 보타 건축의 대표적인 디자인 요소다. 비스듬한 원통형의 채광 탑에는 태양을 올려다보는 거대한 해바라기 모양의 유리창이 있다. 이 유리창은 외부의 자연 광선을 미술관 내부로 들이는 역할을 한다.

마리오 보타는 자신의 작품에 기념비적 건축 이미지를 부여하려고 노력하는 건축가다. 도시를 대표하는 상징성을 추구하는 기념비적 건축은 조형적으로 단순한 기하학적 형태를 사용하고 거대하며 극적인 형태를 추구한다. 샌프란시스코 미술관은 직선이나 곡선 또는 절단선과 같은 강력한 기하학적 형태와 홈이 파인 띠로 구성된 파사드 등이 기념비적 건축의 특징을 모두 반영하고 있다. 벽

중앙상부의 채광탑 | 중앙 상부의 흰색과 검은색 줄무늬가 돋보이는 채광탑은 창문이 없는 대신 자연 광선을 미술관 내부로 들이는 역할을 한다.

돌과 석재로 구축된 기하학적 형태의 미술관 외벽에는 일반적인 모양의 창문이 없다. 그래서 단순하고 간결하다. 건물에 창문이 없는 대신 중앙의 채광창과 벽체의 틈과 구멍을 통해 빛이 유입된다.

마리오 보타는 지역적 정체성을 끊임없이 탐구하는 건축가다. 건축의 주재료는 지역의 흙으로 만든 벽돌과 석재다. 그가 건축에 붉은 벽돌을 사용하는 이유는 전 세계 어디서나 쉽게 구할 수 있는 흙이기 때문이다. 모든 문화권에서 가장 오랫동안 많이 사용돼 온 재료다. 그가 애용하는 붉은 벽돌은 건축과 지역의 역사적 맥락을 이으려는 의도다. 그는 건축물을 하나의 독립적 존재로 보지 않는다. 도시는 땅이 기억하는 모습을 담은 건축물로 구성된다. 건축물이 곧 도시의 정체성이라고 생각하는 것이다.

창문 없는 건물에서 자연의 빛을 만나다

마치 성곽을 두르듯 붉은 벽돌로 단단하게 쌓아 올린 외관만 봐서는 그 내부의 분위기를 상상하기 어렵다. 입구에서 가장 먼저 만나는 중앙 아트리움에서 인상적인 것은 바로 빛이다. 창문 없는 건물에 들어갔는데 뜻밖에 자연의 빛과 마주하니 일단 놀라게 된다. 처음 들어서면 일반적인 미술관의 밝기보다 살짝 어두운 느낌을 받는다. 하지만 조금만 지나면 서서히 빛에 적응하게 되고 공간에 집중하게 된다.

천장에서 자연광이 쏟아지는 아트리움의 중앙에는 커다란 원형 기둥 4개가 받치고 있는 공간이 나온다. 바로 이곳에 계단이 있다.

아트리움 | 관람객들은 아트리움을 기준으로 자신의 위치를 확인하고 원하는 전시실을 찾을 수 있다.

원래는 콘크리트로 만들었지만 2016년 리모델링을 하며 나무계단으로 바뀌었다. 아트리움의 바닥은 거친 캐나다산 화강석으로 마감했다. 외부 채광 탑에서 보았던 마리오 보타의 얼룩말 무늬가 그대로 적용됐다.

　미술관의 전시실은 모두 중앙의 아트리움으로 연결되는 열린 구조다. 관람객들은 아트리움을 기준으로 자신의 위치를 확인하고 원하는 전시실을 찾을 수 있다. 아트리움은 건물 안의 광장과 같은 공간이다. 마리오 보타는 이곳을 '미술관 내 중력의 중심'이라고 불렀다.

　중앙 계단 위로는 채광창이 뚫린 원형의 공간이다. 흰색 내벽 창의 각도를 비스듬하게 절단한 덕분에 천장에서 들어오는 빛이 건물 안쪽까지 깊숙이 파고든다. 주요 전시실의 자연채광이 가능하다. 채광창 아래로 공간을 가로지르는 트러스 브리지는 전시실에서 다른 전시실로 이동하는 통로다.

미술관의 모든 소장품은 정기적으로 교체된다. 1층에는 상점, 강당, 특별 행사 공간이 들어서 있다. 2층은 회화와 조각 작품이 전시돼 있고 건축과 디자인 프로그램을 위한 공간이 있다. 3층에 있는 좀 더 개별적인 전시실에는 사진이 전시돼 있다. 4, 5층은 통풍이 잘되는데 특별 전시물과 미디어아트와 소장품 중 큰 규모의 현대 미술품 들을 소장하고 있다. 옥상 정원은 샌프란시스코의 스카이라인과 조각 작품들을 볼 수 있는 극적 전망을 제공한다.

샌프란시스코 현대미술관은 명작 컬렉션에 집착하는 대신 상대적으로 주목받지 못한 남미와 아시아권의 미술을 자주 소개하고 있다. 미술관이 소장한 20세기 회화와 조각 작품 7,000여 점은 야수파, 입체파, 팝아트, 미니멀리즘을 포괄한다. 특히 추상표현주의, 개념주의, 독일 표현주의, 캘리포니아 예술에 중점을 두고 있다. 로버트 라우센버그Robert Rauschenberg, 클리퍼드 스틸Clyfford Still, 엘스워스 켈리Ellsworth Kelly, 프랭크 스텔라Frank Stella, 필립 거스턴Philip Guston, 잭슨 폴록Jackson Pollock, 앤디 워홀Andy Warhol 등의 작품이 전시돼 있으며 마티스, 피카소, 몬드리안의 작품도 있다. 또 1830년대부터 유럽 아방가르드는 물론이고 미국 모더니즘까지 아우르는 사진 작품 1만 4,000여 점도 소장하고 있다. 그 외 건축, 가구 디자인, 상품 디자인 등도 전시한다.

층별 평면도

Ground floor plan

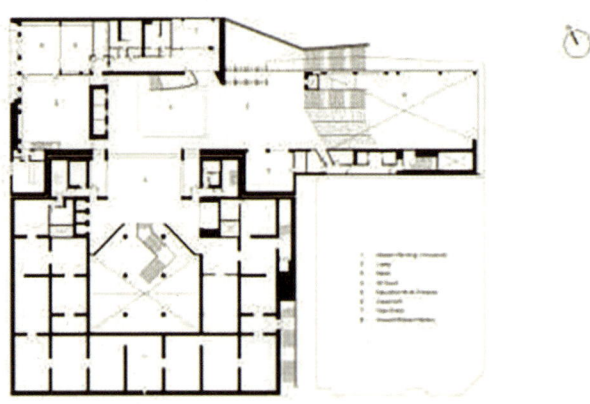

1st floor plan

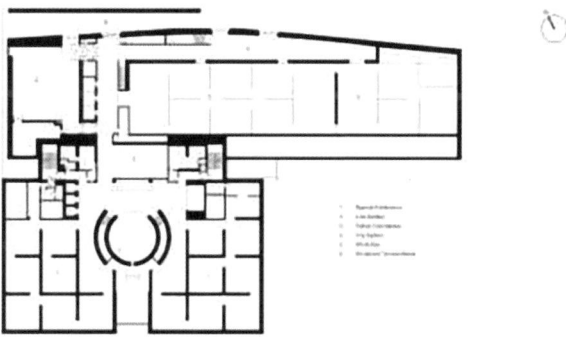

2nd floor plan

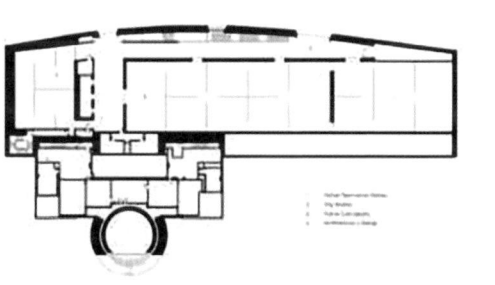

5th floor plan

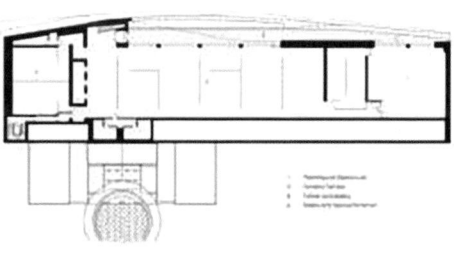

6th floor plan

2장 건축, 인간과 도시와 자연의 공존을 말하다 **199**

환경이 변하면 건축도 변화해야 한다

샌프란시스코 현대미술관은 2016년 5월 신관을 개관했다. 1억 6,000만 달러의 공사비를 들여 기존 미술관 면적의 2배가 넘는 건축물을 지었다. 이로써 샌프란시스코 현대미술관은 미국 최대 규모의 현대미술관이 됐다.

신관은 다소 낯설다. 그동안 샌프란시스코 현대미술관을 상징해 온 붉은 벽돌과 달리 하얗고 반짝이며 주름진 외피와 볼록한 형태의 볼륨감이 무척 개성적이다. 신관의 디자인은 샌프란시스코의 안개 낀 날씨를 표현한 것이라고 한다. 노르웨이의 세계적인 설계 사무소 스뇌회타Snøhetta의 작품이다. 처음 신관 디자인이 공개됐을 때 시민들은 부정적인 반응을 보였다. 주변 도시경관은 물론 기존 붉은 벽돌 건축물의 별관으로 보기엔 모습이 이질적이라는 이유에서다.

오랫동안 샌프란시스코를 대표하는 건축물로서 사랑받아온 미술관의 부속 건물을 짓는 것은 쉽지 않은 일이다. 아마 스뇌회타의 건축가들은 정말 많이 고민했을 것이다. 거기다 마리오 보타의 건축과 어떤 방식으로든 연결돼야 했을 테니 말이다. 실제로 신관을 증축하면서 기존 미술관의 일부를 리노베이션해야 하는 상황이 발생했다. 미술관 중앙의 육중한 콘크리트 계단을 가벼운 나무 재질로 바꿔서 신관 내부의 인테리어와 통일성을 살리기 위함이었다. 스뇌회타 측은 어렵게 마리오 보타에게 양해를 구했다. 그런데 오히려 마리오 보타는 당연하다는 반응을 보였다고 한다. 그는 '건축은 삶이 실재하는 공간이다. 따라서 환경이 변하면 건축도 유기적으로 변하는 것이 당연하다.'라고 생각했기 때문이다. 그가 건축의 공공성과 사회성을 얼마나 중요하게 생각하는지가 그대로 드러난 일화라고 하겠다.

미술관 본관과 겨우 1미터 간격을 두고 지어진 신관은 외형의 물질성이 매우 다르다. 신관의 외피에 사용된 700개의 패널은 섬

신관 디자인 | 기존 현대미술관을 상징해 온 붉은 벽돌과 달리 하얗고 반짝이며 주름진 외피와 볼록한 형태의 볼륨감이 무척 개성적이다.

신관 외형 | 외피에 사용된 패널은 섬유리 강화폴리머 소재로 본관과 매우 다르지만 지역의 정체성을 담고자 디자인됐다.

유리 강화 폴리머 소재이며 크림색이다. 붉은 벽돌로 지어 강하게 대지에 뿌리내린 본관과 모습도 분위기도 매우 다르다. 하지만 지역의 정체성을 건축에 담았던 마리오 보타의 메시지는 그대로 구현됐다. 마리오 보타의 기존 미술관과 달리 신관은 창문이 많다. 창밖으로 시민들이 많이 모이는 인근의 사우스 오브 마켓SOMA이 보인다. 이는 관람객들의 시야에 자연스럽게 지역의 풍경이 들어오는 효과를 통해 자연스럽게 미술관을 지역의 일부로 느끼게 하려는 의도라고 한다. 신관 내부에는 사우스 오브 마켓의 특징인 작은 골목을 표현하는 공간 디자인을 반영했다. 외형은 이질적이지만 본관과 신관 내부의 공간은 물 흐르듯 하나로 연결된 구조다. 각각 다른 시기에 다른 건축가들이 지었다. 하지만 샌프란시스코

본관(하)과 신관(상) | 본관과 달리 신관은 창문이 많은데 이는 지역의 풍경이 들어오는 효과를 통해 미술관을 지역의 일부로 느끼게 하려는 의도이다.

현대미술관이 담고 있는 정체성의 본질은 변하지 않았다고 생각한다.

샌프란시스코 현대미술관은 고층 빌딩이 즐비한 도심 한가운데서 건축이 지역의 정체성을 이어가는 방식에 대해 생각하게 한다. 일본 나오시마의 지중미술관이나 핀란드 헬싱키의 템펠리아우키오 교회처럼 아예 자연과 일체가 되는 건축이 있고, 훈데르트바서 하우스처럼 지역의 지형이나 나무는 그대로 보존하면서 새로워지는 건축이 있다. 그리고 샌프란시스코 현대미술관처럼 지역의 흙과 돌로 지어 도시의 역사적 맥락을 잇는 건축도 있다. 모두가 건축이 자연과 환경의 일부라는 것을 말하고 있다. 그곳이 어디든 들어서는 지역의 맥락을 벗어난 건축에서 사람들은 행복할 수 없다.

마리오 보타는 "건축은 인간의 역사를 이야기하고 증언하며 다음 세대를 생각하고 현대를 증언한다. 그래서 건축은 다음 세대를 위한 선물이다."라고 말했다. 그의 말은 우리가 집을 짓고 학교를 짓고 미술관을 짓고 고층 빌딩을 지으며 중요하게 고려해야 할 것이 무엇인지를 생각하게 한다. 나이가 들면 세포가 변화하듯 건축도 변화하며 도시를 바꿔간다. 현재 우리가 짓고 있는 건축물은 어떻게 도시의 역사를 이어갈까? 건축과 도시의 정체성에 대해 좀 더 관심을 가질 필요가 있다. 개발, 재개발, 재생을 반복하는 우리나라의 도시들이 건축, 자연, 사람의 유기적 생태계를 이해하고 잘 보존해가길 바라는 마음이다.

마리오 보타

마리오 보타는 지역의 정체성을 강하게 살리는 건축으로 세계적 명성을 얻은 건축가다. 그는 1943년 스위스에서 태어나 15세가 되던 해에 학교를 그만두었고 16세 때 첫 작품으로 자신의 집을 지었다. 18세가 되던 해까지 스위스 루가노의 건축사무소에서 제도사로 일하다가 1961년 이탈리아 밀라노의 예술학교에 입학해 본격적으로 건축을 배웠다. 졸업 후 1964년부터 1969년까지 베네치아 건축대학교에서 공부했다. 1965년 베네치아에 있는 르 코르뷔지에 건축사무소에서 일하며 학업과 실무를 병행했다. 1969년에는 20세기를 대표하는 건축가 중 한 명인 루이스 칸과 함께 베네치아 의회 건축 전시 프로젝트에 참여했다. 그 후 스위스 루가노로 돌아가 건축사무소를 열었다.

마리오 보타의 건축은 자연경관이나 도시경관과 조화를 이루면서 스스로 존재감을 드러낸다. 사각형과 원통 등 간결한 기하학적 볼륨이 특징이다. 그에게 건축과 자연환경의 조화는 매우 중요한 화두다. 그의 디자인은 때로 너무 파격적이라는 부정적 평가를 받기도 하지만 지역 고유의 흙과 돌을 사용함으로써 건축에 지역의 정체성을 고집스럽게 담아내고 있다.

마리오 보타의 대표작인 샌프란시스코 현대미술관은 포스트모더니즘* 양식의 건축으로 분류된다. 샌프란시스코 현대미술관과 함께 그에게 명성을 안겨준 작품은 프랑스 에브리의 대성당이다. 붉은 벽돌로 마감한 원통형 건물에서도 마리오 보타 건축의 시그니처인 하늘을 향한 채광창이 보인다. 채광창 주위로는 24그루의 나무를 왕관처럼 둘러 심었다. 유럽의 성당 건축의 고정관념을 벗어난 혁신적 디자인으로 세계의 주목을 받았다.

한국에서 가장 유명한 그의 작품은 2003년 완공한 서울 강남의 교보타워다. 1987년 설계를 시작해 10년 동안 17번의 설계를 수정해가며 건축주와 소통을 한 일화가 유명하다. 완공 후 창문이 없는 붉은 벽돌의 고층 빌딩을 두고 고압적이라는 비판도 있었다. 하지만 장중한 느낌과 섬세한 조형미를 인정받아 강남의 랜드마크가 됐다. 교보타워에 이어 2004년 서울 리움미술관, 2008년 제주 아고라를 설계했다. 2019년 완공된 경기도 남양 성모성지 대성당은 마리오 보타가 지금까지 지은 성당 건축 중 가장 큰 규모다.

---

* 부록- 포스트모더니즘 건축 참고

프랑스 에브리의 대성당

서울의 교보타워

서울의 리움미술관

제주도의 아고라

남양 성모성지 대성당

2장 건축, 인간과 도시와 자연의 공존을 말하다

3장

건축, 철학과 신념을 담아 작품이 되다

당신이 진정으로 믿는 일은 반드시 이루어진다. 믿음이 그것을 실현한다.

— 프랭크 로이드 라이트 Frank Lloyd Wright

| 프랑스 파리 |

퐁피두 센터

: 파리의 잃어버린 명성을 되찾다

조르주 퐁피두 국립 예술문화센터Centre National d`Art et de Culture Georges-Pompidou는 프랑스의 조르주 퐁피두Georges Pompidou 대통령이 추진한 문화 프로젝트로 탄생했다. 이 프로젝트는 미국 뉴욕에 위상을 빼앗긴 문화예술의 중심지로서 파리의 옛 영광을 회복하기 위한 목적으로 기획됐다. 프리츠커 상 수상자인 이탈리아의 렌초 피아노Renzo Piano와 영국의 리처드 로저스Richard Roders가 공동 설계한 퐁피두 센터는 철제 구조물 그대로의 모습에 내부 시설이 모두 외부에 배치된 파격적인 디자인으로 파리 시민들의 거센 반발을 불렀다. 렌초 피아노와 리처드 로저스는 법정 소송을 거치는 등 큰 시련을 겪으면서도 프랑스 정부의 강력한 지원 아래 설계의 의도와 의미를 그대로 건축물에 반영했다.

1977년 공식 개관 후 퐁피두 센터는 파리의 문화 수준을 대변하고 있다. 문화의 도시 파리를 상징하는 아이콘으로 불리며 하루 2만 5,000명 이상이 방문하는 파리의 명소가 됐다. 에펠탑, 루브르 박물관 등과 함께 파리에서 가장 많은 사람이 찾는 명소로 손꼽힌다.

소재지: 프랑스 파리
건축가: 렌초 피아노, 리처드 로저스
완공: 1977년

파리가 문화예술의 도시라는 데 이의를 제기하는 사람은 없다. 문화와 예술은 역사적으로 파리를 상징해 온 키워드이고, 파리 시민들의 문화예술에 대한 자부심이 대단하다. 파리의 미술관과 박물관이 소장한 작품의 수준은 실제로 대단하다. 한참 잘나가던 제국주의 시절 전 세계에서 수집해 온 문화 유물들이 도시의 박물관과 미술관에 그득하다. 파리는 오랫동안 세계 예술의 중심지였고 예술가들에게는 꿈의 도시였다.

파리는 잘 짜인 계획 도시다. 에펠탑에 오르면 개선문을 중심으로 거미줄을 짜듯 잘 구획되고 정리된 도시의 모습을 확인할 수 있다. 1800년대 나폴레옹 3세 때 일찌감치 도시와 건축을 재정비한 결과다. 낮은 스카이라인의 고풍스러운 건축물들이 촘촘하게 들어선 파리의 풍경은 언뜻 유럽의 다른 도시들과 비슷해 보이지만 그 어떤 곳보다 깔끔하게 관리되고 엄격하게 보존되고 있다. 구도심의 경우 7층 이상의 건축을 제한하기 때문에 도심에서 '첨단'이라고

퐁피두 센터 외관 | 건물의 내부와 외부가 완전히 뒤바뀐 거대한 철골 구조의 대형 건축물로서 그 자체로 예술의 도시 파리의 창의적 실험정신을 보여준다.

부를 만한 건축물을 찾기 어렵다. 하지만 알고 보면 파리는 두 얼굴의 도시다. 수 세기 전 양식의 건축물로 가득한 도시 풍경 사이사이로 매우 실험적인 건축물이 불쑥불쑥 등장한다.

미술관의 도시 파리에서 3대 미술관 중 하나로 꼽히는 '퐁피두 센터Centre National d`Art et de Culture Georges-Pompidou'가 대표적이다. 퐁피두 센터는 파리 문화예술의 바로미터다. 7만여 점에 이르는 미술품과 연 20회 이상 진행되는 획기적 프로그램 등 매우 뛰어난 콘텐츠를 보유하고 있다. 또한 건축물 자체로 예술의 도시 파리의 창의적 실험정신을 그대로 보여준다.

퐁피두 센터는 건물의 내부와 외부가 완전히 뒤바뀐 거대한 철골 구조의 대형 건축물로서 1970년대 파리 시민들을 경악에 가까운 충격에 빠뜨린 주인공이다. 시민들의 엄청난 비난과 조롱 때문에 난항을 겪으며 1977년에 개관했다. 결론부터 말하자면 퐁피두 센터는 현대건축의 패러다임을 바꿨다는 평가를 받고 있으며 문화예술의 도시 파리의 명성을 되찾아준 아이콘이 됐다.

문화 프로젝트로 '왕년의 문화 왕국' 위상을 되찾다

유럽이 차지한 패권은 제2차 세계대전을 기점으로 빠르게 미국으로 이동했다. 뉴욕은 경제력을 바탕으로 유럽 중심의 문화 경쟁력도 거침없이 흡수해버렸다. 세계 문화예술의 중심을 자부했던 파리에는 어느새 '왕년에'라는 수식어가 붙었다.

샤를 드골Charles De Gaulle에 이어 1969년 프랑스 대통령에 당선된 조르주 퐁피두Georges Pompidou는 파리의 국제적 위상을 되찾을 하나의 방법으로 문화정책을 검토했다. 그는 프랑스 문화의 힘을 보여줄 상징적 건축물로서 '세상에 없는 대형 복합문화 공간'을 파리 도심에 세우기로 했다. 이는 랜드마크 건축으로 경제적 효과를 기대하기보다는 프랑스의 자부심을 회복하는 데 더 무게를 둔 것이다.

퐁피두 대통령은 파리의 보부르Beaubourg 지역을 새로운 부지로 지목했다. 보부르는 파리 도심에서도 중심지라서 입지적으로 좋은 선택이었다. 하지만 프랑스의 문화를 상징하는 지역으로서 보부르의 이미지는 형편없었다. 보부르는 프랑스어로 '아름다운 마을'이라는 뜻이지만 실제로는 더럽고 추한 빈민가를 상징하는 이름이었다. 국내에서도 상영됐던 영화 「향수」의 주인공 그르누이가 태어나 버림받은 장소가 바로 보부르의 시장이다. 영화 속의 연출된 장면이긴 하지만 묘사된 비참한 환경이 마치 지옥과도 같았기에 기억에 생생하게 남아 있다. 이곳에 아름다운 마을이라는 이름이 붙은 건 파리 사람들의 비아냥이었다. 1930년대 한 번 철거가 진행됐고 이후로 시장과 광장, 주차장 등이 들어섰다. 하지만 여전히 보부르라는 이름은 문화와 전혀 어울리지 않았다. 당시 파리 도심에 재개발을 통해 약 1만 8,000제곱미터에 달하는 부지를 확보할

퐁피두 센터 설계공모 | 681개 설계안 중에서 유일하게 절반만 건물을 배치하고 나머지는 광장으로 남겨둔 설계안을 선정하였다.

만한 곳은 이곳뿐이었다.

　프랑스 정부는 이곳에 들어설 복합문화 시설의 건축을 위해 최초로 국제 설계 공모를 진행했다. 당대 최고의 건축가인 오스카 니마이어Oscar Niemeyer, 장 프르베Jean Prouvé, 필립 존슨Philip Johnson 세 사람이 심사위원으로 참여했다. 심사위원들은 총 681개의 설계안 중에서 유일하게 전체 부지 중 절반만 건물을 배치하고 나머지는 광장으로 남겨둔 493번 작품을 선택했다. 바로 이탈리아의 렌초 피아노와 영국의 리처드 로저스가 협업한 퐁피두 센터 설계안이었다. 렌초 피아노는 1988년, 리처드 로저스는 2007년 각각 프리츠커 상을 수상했다. 물론 공모전에 참여할 당시 두 사람은 재능 있는 젊은 건축가였을 뿐 스타 건축가는 아니었다.

　렌초 피아노와 리처드 로저스의 디자인은 파격적이었다. 철제

퐁피두 센터 건축 개념 | 철제 구조와 건물의 기능을 위한 시설을 밖으로 드러낸 디자인은 공간의 안과 밖이라는 기본 개념을 흔들었다.

구조와 건물의 기능을 위한 시설을 과감하게 밖으로 드러낸 디자인은 공간의 안과 밖이라는 기본 개념을 흔들었다. 변화의 크기가 클수록 그것을 반대하는 힘도 비례해 거세지는 법이다. 프랑스 정부가 퐁피두 센터 설계안을 선택한 순간 이후 벌어질 파리 시민들의 반응은 어쩌면 자연스러운 일이었다.

파리 시민들은 도시와 건축물에 대한 관심이 높다

'쓸모없고 흉측한 검은 굴뚝' '파리예술의 모욕'

1889년 프랑스 대혁명 100주년과 파리만국박람회를 기념하는 건축물 에펠탑에 대해 파리 시민들이 분노를 담아 쏟아낸 말들이다. 지금은 에펠탑이 없는 파리를 상상할 수도 없지만 당시 파리는 에펠탑을 격렬하게 거부했다. 구조 엔지니어 구스타브 에펠Gustave Eiffel의 회사가 설계한 높이 320미터의 철제 탑은 우여곡절 끝에 결국 20년 후 해체하기로 시민들과 약속을 한 후에야 세울 수 있었다. 하지만 세월이 흐르면서 에펠탑은 프랑스의 자랑이자 파리의 상징이 됐다.

그로부터 80여 년 후 퐁피두 센터를 두고 또다시 비슷한 상황이 벌어졌다.

'파리 최악의 오점이 될 것이다.'

파리 시민의 분노는 대단했다. 퐁피두 센터의 디자인이 고풍스러운 파리의 건축물과 절대로 어울리지 않는다는 게 주요 이유였다. 정유소, 비행기 격납고, 고철더미, 괴물 등 온갖 비아냥이 쏟아지더니 결국 법정 소송까지 가게 됐다. 젊은 건축가들인 렌초 피아노와 리처드 로저스는 과거 구스타브 에펠이 겪은 것과 다르지 않은 곤욕을 치러내야 했다.

사실 파리에서 이런 일은 낯설지 않다. 에펠탑과 퐁피두 센터 이후에도 비슷한 상황이 반복됐다. 퐁피두 대통령에 이어 집권한 프랑수아 미테랑François Mitterrand 대통령의 문화 프로젝트 '그랑 프로제Grands Projets'의 대표작이었던 루브르 박물관의 유리 피라미드도 엄청난 논쟁을 불렀다. '피부에 깊숙이 박힌 암세포'라는 표현까지

에펠탑 | 1889년 프랑스 대혁명 100주년 파리만국박람회에서 '쓸모없고 흉측한 검은 굴뚝', '파리예술의 모욕'이라는 악평을 받으며 시민들의 거부를 당했다.

등장했다. 하지만 현재 유리 피라미드는 루브르 박물관을 상징할 뿐 아니라 파리 시민들의 사랑을 받는 건축물이다.

파리 시민들의 반복되는 반응이 유별나다고 할 수도 있다. 하지만 그만큼 자신들이 살고 있는 도시와 건축물에 관한 깊은 애정의 증거라고 생각한다. 옛것을 보존함으로써 정체성을 지키려는 고집이 세지만 동시에 창조적 변화에 대한 열망이 가득한 곳이 바로 파리다. 아무튼 시민들의 거센 저항을 어느 정도 예상했을 프랑스 정부가 혁신적인 디자인의 퐁피두 센터를 파리 한복판에 세우기로 한 사실은 정말 놀랍다. 프랑스 정부의 문화적 안목은 충분히 인정받을 만하다.

건물의 안쪽 기능적 시설들을 바깥쪽에 배치하다

파리의 오래된 거리를 지나 보부르에 다다르면 먼저 퐁피두 센터 앞 광장의 사람들이 눈에 띈다. 경사진 콘크리트 바닥에 자유롭게 앉거나 누워 있는 사람들의 모습은 여유롭기 그지없다.

컬러풀한 철골과 유리로 마감된 퐁피두 센터는 '아직도 공사 중'이라는 팻말을 붙여도 이상하지 않을 만큼 낯설고 강렬한 첫인상을 풍긴다. 철제 구조물 그 자체인 퐁피두 센터에서 콘크리트가 사용된 곳은 지하 세 개 층의 주차장과 방음 처리된 콘서트홀이 전부다. 이 건축물의 모티프는 영국 건축가 그룹 아키그램Archigram의 작품들이다. 그들은 석유 시추선, 로켓 발사대, 공상과학SF 영화 등에서 아이디어를 차용하고 철 등의 금속재료를 주로 사용했다. 금속

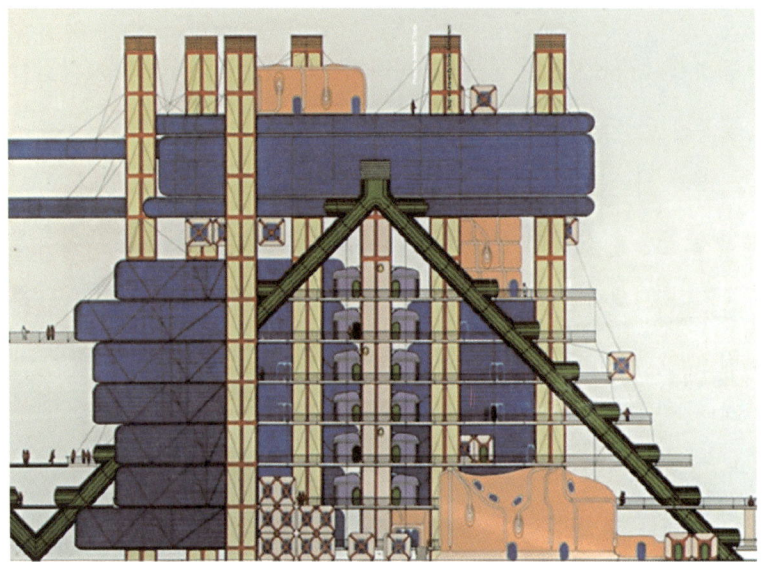

아키그램의 디자인 아이디어 | 석유 시추선, 로켓 발사대, 공상과학 영화 등에서 아이디어를 차용하고 철 등의 금속재료를 주로 사용했다.

을 건축의 주재료로 사용하는 건 당시 영국 건축계의 흐름이었다. 건축가 렌초 피아노와 리처드 로저스의 활동 무대가 영국이었던 만큼 퐁피두 센터의 디자인에 이런 요소가 반영된 것은 자연스럽다. 그러나 당시 프랑스 건축은 영국과 다르게 콘크리트가 대세였다. 파리 시민에게 철제를 주로 사용한 건축물은 낯설고 불편하게 느껴질 만했다.

퐁피두 센터의 가장 독특한 점은 일반적으로 건물의 안쪽에 있어야 할 기능적 시설들을 모두 건물 바깥쪽에 배치한 것이다. 퐁피두 센터를 정면으로 바라볼 때 제일 먼저 눈에 띄는 건 건물 외벽을 대각선으로 가로지르는 거대한 에스컬레이터다. 투명한 튜브로 싸여 있는 에스컬레이터는 오르는 동안 놀이기구를 탄 듯한 기분이 든다. 그러다 보니 방문객들에게는 이색적인 경험의 공간으로

에스컬레이터 | 건물 외벽을 대각선으로 가로지르는 에스컬레이터는 투명한 튜브로 싸여 있어 놀이기구를 탄 듯한 이색적인 경험의 공간이 되었다.

입소문이 나 있다.

　광장에서 바라본 정면의 모습이 공사 중인 건축물 같다면 거리를 향한 뒤쪽은 공장을 보는 것 같다. 화물 엘리베이터가 훤히 노출돼 있고 공조기와 전기배관 등도 건물 외부로 나와 있다. 이들 시설은 파랑, 초록, 노랑, 하양, 빨강 등으로 칠해져 있다. 각 색상은 나름의 의미가 있다. 파랑은 공기, 초록은 물, 노랑은 전기, 빨강은 운송장비를 뜻한다. 층층이 보이는 붉은 컨테이너는 엘리베이터 기계실이다. 마치 잠망경처럼 보이는 흰색 구조물은 공조에 필요한 열교환기다.

　이처럼 모든 시설을 외부로 배치한 덕분에 축구장 두 배의 크기에 달하는 7,500제곱미터의 완벽한 내부가 탄생했다. 화장실과 화재를 대비한 방화 셔터를 제외하면 기둥, 배관, 계단, 벽, 그 어떤

외부로 노출된 배관 | 파랑은 공기, 초록은 물, 노랑은 전기, 빨강은 운송장비, 잠망경처럼 보이는 흰색 구조물은 열교환기다.

것도 없다. 사무실 등을 위한 구획이 필요할 경우 천장의 철제 구조물에 고정시켜 어디든 설치할 수 있다. 이는 방문객들에게 벽이 없는 완벽한 공간의 자유를 제공하려는 건축가의 계산된 의도다. 필요에 따라 구획을 설치하거나 해체할 수 있는 거대한 전시 공간은 끊임없는 변화를 가능하게 만들었다. 렌초 피아노는 이런 공간을 디자인한 이유에 대해 "문화란 무엇인가에 대해 끊임없이 내 자신에게 질문을 던졌으나 결코 답을 찾을 수 없었다. 우리가 할 수 있는 것은 단지 비어 있는 공간을 만들고 어떤 일이 일어날지 지켜보는 것뿐이다."라고 설명한 바 있다. 하지만 완공 이후 센터 측은 최상층에 영구보관 작품을 보호하기 위해 어쩔 수 없이 닫힌 공간을 만들고 인공조명을 설치했다.

최상층 전시 공간은 전망대로서도 훌륭하다. 이곳에서 보는 파

벽이 없는 공간의 자유 | 모든 시설을 외부로 배치한 덕에 축구장 두 배 크기의 내부를 확보해 필요에 따라 구획을 설치할 수 있는 거대한 전시공간이 마련되었다.

퐁피두 센터 전망대 | 최상층 전시 공간은 에펠탑에서 내려다보는 전경과는 또 다른 매력의 전망대로서도 훌륭하다.

리의 모습은 에펠탑에서 내려다보는 전경과는 또 다른 매력이 있다. 먼 곳의 에펠탑이 가까운 거리에 있는 듯 느껴지고, 2019년 화재를 겪고 보수 중인 노트르담 대성당도 눈에 들어온다. 멀리 파리의 마천루들이 모여 있는 신 도시 라데팡스와 몽마르트르 언덕의 사크레쾨르 성당의 돔 지붕도 보인다. 물론 저녁 무렵 조명을 켠 퐁피두 센터의 전경은 놓칠 수 없는 볼거리다.

프랑스는 국가 주도의 문화정책으로 왕년의 문화의 중심지에서 여전히 굳건한 문화 왕국의 위상을 회복했다. 사실 정부가 주도하는 문화 프로젝트는 명암이 있다. 분명한 계획성과 추진력은 밝은 측면이다. 하지만 동시에 건축을 프로파간다로 이용한다는 비판적 시각도 크다. 실제로 건축가 리처드 로저스는 훗날 퐁피두 센터가 대통령의 기념물이 되지 않을까 우려해 공모전에 참여 여부를 고민했다고 털어놓기도 했다. 하지만 퐁피두 센터는 우려와 달리 원래의 목적대로 파리의 문화적 위상을 되찾는 데 일익을 담당했다. 퐁피두 센터의 성공은 잘 계획된 정부 정책의 결과이기도 하다.

그리고 파리 시민들의 건축을 대하는 열정적인 태도에서도 성공의 비결을 찾을 수 있다. 도시에 새로운 건축물이 등장할 때마다 자기 일인 양 뛰어들어 논쟁을 마다하지 않는 건 건축과 도시에 대한 시민들의 관심과 자부심이 매우 높다는 방증이다. 파리가 오랜 역사를 거치면서 보존과 변화를 동시에 수용하는 역량을 키울 수 있었던 것은 바로 시민들의 애정과 안목이다. 건축을 디자인하고 도시의 정체성을 만드는 건 결국 도시에서 살아가는 사람들이다.

렌초 피아노

렌초 피아노는 현시대를 대표하는 위대한 건축가 중 한 명이다. 그는 1937년 이탈리아 제노바에서 태어났다. 할아버지, 아버지, 형제 등 가족이 모두 건설업에 종사했던 까닭에 어릴 적부터 건설과 건축에 관심이 많았다. 그는 가족들과 달리 건설사업가가 아니라 건축가가 되기로 하고 1964년 밀라노 공과대학교에서 건축을 공부했다. 1980년 렌초 피아노가 오픈한 건축사무소 '렌초 피아노 빌딩 워크숍Renzo Piano Building Workshop'은 건축디자인을 하는 것에 그치지 않고 실제로 무언가를 만들고 실험하는 것으로 유명하다.

렌초 피아노가 국제 무대에 강한 인상을 남긴 건 역시 파리의 퐁피두 센터다. 그는 자신의 회사를 열기 전 1970년부터 1977년까지 건축가 리처드 로저스와 함께 활동했다. 이 기간 그와 함께 퐁피두 센터를 설계했다. 퐁피두 센터는 하이테크* 양식을 대표하는 건축이다. '건축은 도시의 예술'이라고 말하는 렌초 피아노는 새로 건축 디자인을 할 때면 해당 도시의 시민들이 건축물을 받아들이고 사랑하기를 바라는 마음을 간절하게 담았다. 퐁피두 센터의 디자인을 할 때는 파리 시민들의 반응을 생각해 두려운 마음이 들었다고 고백하기도 했다.

인간과 어우러지는 건축을 지향하는 그는 다양한 문화권 도시들의 프러포즈를 받았다. 덕분에 그의 작품을 세계 곳곳에서 찾아볼 수 있다. 독일 베를린의 포츠다머 플라츠Potsdamer Platz 재건 마스터플랜, 스위스 바젤의 바이엘러 재단 미술관Fondation Beyeler, 영국 런던의 더 샤드 등 주택, 아파트, 사무실, 쇼핑센터, 박물관, 공장, 스튜디오, 공항터미널, 전시장, 극장, 교회, 다리, 선박, 도시계획, 재개발 사업에 이르기까지 다양한 프로젝트에 도전했다.

건축가들의 최고 명예인 프리츠커 상 수상의 계기가 된 작품은 뉴칼레도니아의 장 마리 치바우 문화센터Jean Marie Tjibaou Cultural Center다. 조개껍데기와 카낙 민족의 전통 가면을 연상하게 하는 열 개

---

* 부록- 하이테크 건축 참고

독일 베를린의 포츠다머 플라츠

스위스 바젤의 바이엘러 재단 미술관

의 개별 건물로 이루어진 건축물은 예술적 디자인으로 눈길을 사로잡는다. 또한 지진, 태풍 등에 완벽하게 대처할 수 있는 기술과 냉난방을 위한 획기적 공기 순환 시스템 등 첨단 기술이 적용된 하이테크 건축이다. 하이테크 건축가로서 그의 예술성을 잘 보여주는 걸작이다.

영국 런던의 더 샤드

서울의 KT 광화문 사옥

뉴칼레도니아 누메아의 장 마리 치바우 문화센터

국내에 렌초 피아노가 설계하고 한미글로벌이 프로젝트 매니지먼트를 수행한 KT 광화문 사옥 또한 하이테크 건축의 대표적인 특징이라고 할 수 있는 외관의 투명성이 강조된 설계로 딱딱한 도심 속에서 경쾌하고 신선한 이미지를 주고 있다.

리처드 로저스

리처드 로저스는 1933년 이탈리아의 플로렌스에서 태어난 영국의 건축가다. 1962년 예일대학교 건축대학을 졸업했다. 학교에서 만난 건축가 노먼 포스터와 팀4Team4를 결성하고 1967년까지 함께 활동했다. 1970~1977년에는 렌초 피아노와 파트너로 활동하며 퐁피두 센터를 설계해 세계적으로 이름을 알렸다.

1986년 런던의 로이즈 빌딩Lloyd's Building 설계로 실력을 발휘하면서 건축가로서 입지를 다졌고 프랑스 스트라스부르의 유럽인권재판소, 런던 그리니치의 밀레니엄 돔Millennium Dome, 뉴욕 그라운드 제로의 세계무역센터 3번 타워WTC3 등을 설계했다.

리처드 로저스는 하이테크 건축으로 명성이 높다. 전 세계 에너지의 4분의 3을 소비하는 도시의 문제를 해결하기 위해서는 건물의 에너지 효율을 높여야 하고 하이테크를 바탕으로 '지속가능한 건축'을 지어야 한다고 강조한다. 그의 하이테크 건축은 곧 인간을 위한 건축이라는 신념의 산물이다. 그는 건축가로서 공로를 인정받아 1991년 영국 왕실로부터 기사 작위를 받았으며 2007년 프리츠커 상을 받았다.

리처드 로저스가 설계하고 한미글로벌이 프로젝트 매니지먼트를 수행한 여의도 파크원은 우리나라 전통의 자적색 색상을 담은 거대한 철골 트러스 구조물로 일률적인 건물 외관의 형태에서 벗어났을 뿐만 아니라 인접 주변과의 조화와 상생을 기조로 하는 전통 건축양식의 철학을 담고 있다.

프랑스 스트라스부르의 유럽인권재판소

영국 런던의 로이즈 빌딩

영국 런던의 그리니치의 밀레니엄 돔

미국 뉴욕의 세계무역센터 3번 타워

서울의 여의도 파크원 ⓒ위키미디어 커먼즈

| 미국 뉴욕 |

솔로몬 구겐하임 미술관

: 미술품보다 위대한 미술관이 되다

솔로몬 구겐하임 미술관Solomon R. Guggenheim Museum은 1959년 설립된 미국 뉴욕의 현대미술관이다. 현대건축의 3대 거장 중 한 명인 프랭크 로이드 라이트Frank Lloyd Wright의 유작이다. 1940~1950년대 뉴욕의 건축 트렌드였던 고층의 사각형 빌딩에서 과감하게 탈피해 '유기적 건축'의 개념을 적용한 최초의 미술관으로서 20세기 최고의 건축물이라는 평가를 받는다.
나선형 벽체가 드러내는 곡선의 형태, 관람객의 이동로, 전시실의 구분이 없는 내부 구조 등의 디자인은 당시에는 파격적이었다. 그러다 보니 뉴욕 시 당국과 예술가와 후원자 등 미술관 건립 관계자들의 비난과 시민들의 부정적인 여론에 부딪혀 완공까지 무려 16년이 걸렸다. 오랜 시련 속에서도 건축주 솔로몬 구겐하임Solomon R. Guggenheim과 건축가 프랭크 로이드 라이트는 꿋꿋하게 뜻을 지켰다. 그 결과 구겐하임 미술관은 예술의 도시 뉴욕을 대표하는 랜드마크이자 건축기의 신념을 상징하는 아이콘이 됐다. 뉴욕뿐만 아니라 전 세계의 사랑을 받는 구겐하임 미술관은 2019년 프랭크 로이드 라이트의 다른 작품 7개와 함께 유네스코 세계문화유산으로 지정됐다.

소재지: 미국 뉴욕
건축가: 프랭크 로이드 라이트
완공: 1959년

세계의 경제 수도 뉴욕의 또 다른 이름은 예술의 도시다. 뉴욕의 미술관과 박물관만 돌아다녀도 세계 예술여행을 했다고 말할 수 있을 정도다. 예술작품의 소장 규모만 본다면 영국의 대영박물관과 프랑스의 루브르 박물관과 함께 세계 3대 박물관으로 꼽히는 뉴욕 메트로폴리탄 미술관이 으뜸이다. 하지만 예술의 도시 뉴욕을 상징하는 미술관을 꼽으라면 솔로몬 구겐하임 미술관을 빼놓을 수 없다.

1959년 완공된 구겐하임 미술관은 주로 비구상과 추상 작품을 전시하는 현대미술관으로서 피카소, 드가, 고갱, 샤갈, 세잔, 몬드리안의 작품과 칸딘스키 컬렉션 180점 등 명화도 소장하고 있다. 하지만 구겐하임 미술관의 세계적 유명세는 소장품보다는 미술관 건물 덕분이다. "구겐하임 미술관에서 가장 값어치가 나가는 것은 미술품이 아니라 미술관이다."라는 말이 있을 정도다. 뉴욕을 여행하는 사람들은 전시회보다 미술관을 보기 위한 목적으로 구겐하임

솔로몬 구겐하임 미술관 외관 | 뉴욕을 여행하는 사람들은 전시회보다 미술관을 보기 위한 목적으로 구겐하임 미술관을 찾는다.

미술관을 찾는 경우가 많다.

오래전 뉴욕을 방문했을 때의 일이다. 마침 세계적인 비디오 아티스트 백남준의 특별전이 구겐하임 미술관에서 열렸다. 좋아하는 작가의 작품을 볼 기회를 놓칠세라 부지런히 발걸음을 옮겼다. 그런데 정작 도착하자마자 눈과 마음을 모두 사로잡은 건 미술관이었다. 뛰어난 건축미에 매료돼 표를 구매하고도 한참 동안 입장하지 않고 길 건너편에 서서 건축물을 바라보았다. 실내로 들어간 후에도 구석구석에 배어 있는 건축가의 천재성을 발견하고 감탄하느라 두리번거리기 바빴다. 물론 그날 백남준 특별전의 내용도 훌륭했지만 의도치 않게 건축물에 한눈을 팔았던 기억이 생생하다.

'죽기 전에 꼭 봐야 할 건축물'이자 '세계문화유산'이 된 구겐하임 미술관을 설계한 건축가는 프랭크 로이드 라이트다. 르 코르뷔지에와 루트비히 미스 반 데어 로에Ludwig Mies van der Rohe와 함께 현대건축의 3대 거장으로 불리는 프랭크 로이드 라이트는 생애 마지막 작품으로 구겐하임 미술관을 남겼다.

사각형 빌딩의 도시 뉴욕에서 고정관념을 깨다

"이 세상에 존재하지 않은 특별한 미술관을 지어주시오."

1943년 6월 미국의 기업가 솔로몬 구겐하임은 세계적인 건축가 프랭크 로이드 라이트에게 전혀 새로운 개념의 미술관 설계를 의뢰했다. 스위스계 유대인인 솔로몬 구겐하임은 철강 사업으로 미국의 대부호가 된 인물이다. 그는 자신이 평생 수집한 현대미술 컬렉션을 전시하기 위해 1937년 뉴욕에 '비구상회화 미술관Museum of Non-Objective Painting'을 세웠다. 이것이 현 구겐하임 미술관의 전신이다.

솔로몬 구겐하임에게 설계 의뢰를 받았을 때 프랭크 로이드 라이트는 이미 70대에 접어든 노장 건축가였다. 그는 사실 뉴욕이라는 도시를 별로 좋아하지 않았다고 한다. 뉴욕은 반듯반듯한 사각형 격자 구조에 일찌감치 마천루의 숲을 이룬 도시다. 뉴욕의 환경과 자신이 추구하는 자유롭고 유기적인 건축이 어울리지 않을 것으로 생각한 것이다. 당시 뉴욕은 고층의 사각형 빌딩을 선호하는 분위기였다. 사람들도 '공공건물은 사각형'이라는 고정관념을 갖고 있었다.

하지만 위대한 건축가 프랭크 로이드 라이트는 시대의 관념을 쫓을 생각이 전혀 없었다. 오히려 획일적 사고의 틀에서 과감하게

사각형 격자구조의 도시 뉴욕 | 획일적 사고의 틀에서 과감하게 벗어나 프랭크 로이드 라이트는 자신의 건축 사상을 담은 창의적 디자인을 구상했다.

벗어나 자신의 건축 사상을 담은 창의적 디자인을 구상했다. 솔로몬 구겐하임에게 의뢰를 받은 1943년부터 1945년까지 나선형 외관의 디자인에만 2년이 넘는 시간을 쏟았다. 그가 구겐하임 미술관 설계에 얼마나 깊은 애정을 가졌는지 짐작할 만하다.

  1959년 개관 후 구겐하임 미술관은 미국뿐만 아니라 전 세계에 존재감을 각인했다. '구겐하임'이라는 이름은 세계 미술산업계의 명품 브랜드다. 이탈리아의 베네치아, 스페인의 빌바오, 독일의 베를린에 구겐하임 미술관이 들어섰다. 그중 빌바오 구겐하임은 '빌바오 효과'라는 경제 용어를 탄생시키며 2000년대 이후 세계적으로 아이콘 건축의 붐을 일으키기도 했다. 각각의 구겐하임 미술관은 건축가도 다르고 의미도 다르다. 하지만 구겐하임이라는 이름의 가치를 높인 건 역시 뉴욕의 구겐하임 미술관이다. 뉴욕이 사랑하는 구겐하임 미술관은 혁신적인 디자인, 예술성, 그리고 프랭크 로이드 라이트의 신념을 담은 메시지로 인해 세월이 지날수록 그 깊이를 더하는 중이다.

안타깝게도 구겐하임 미술관 탄생의 두 주역인 건축주와 건축가는 미술관의 완공을 보지 못했다. 솔로몬 구겐하임은 미술관이 완공되기 10년 전인 1949년에 사망했고 프랭크 로이드 라이트는 1959년 4월에 91세의 나이로 타계했다. 미술관이 공식 개관된 1959년 10월 21일을 불과 6개월 남겨두었을 때다. 프랭크 로이드 라이트는 자신의 역작을 유작으로 마무리했다.

외부 환경의 변화에 적응해 새로운 공간이 되다

구겐하임 미술관은 뉴욕의 허파라고 불리는 센트럴 파크 바로 옆 뉴욕 5번가에 있다. 6층의 원형 건물은 흔히 달팽이에 비유되는데 내 눈에는 어릴 적 마당에서 돌리던 팽이와 똑 닮았다.

구겐하임 미술관은 프랭크 로이드 라이트의 유기적 건축관이 구현된 대표적 건축물이다. 건축을 전공하지 않은 사람들에게 유기적 건축이라는 용어가 다소 생소할 수 있다. 유기적 건축이란 말 그대로 유기체적 특성을 반영한 건축이다. 유기체는 무기체와 달리 살아 숨쉬며 계속 주변 환경에 맞춰 변화한다. 건축물도 이처럼 세월의 흐름과 주변 환경의 변화에 적응해 새로운 공간으로 변화할 수 있어야 한다는 게 프랭크 로이드 라이트의 생각이었다. 그는 외부 환경에 자연스럽게 녹아들 수 있는 디자인을 추구했다. 내부

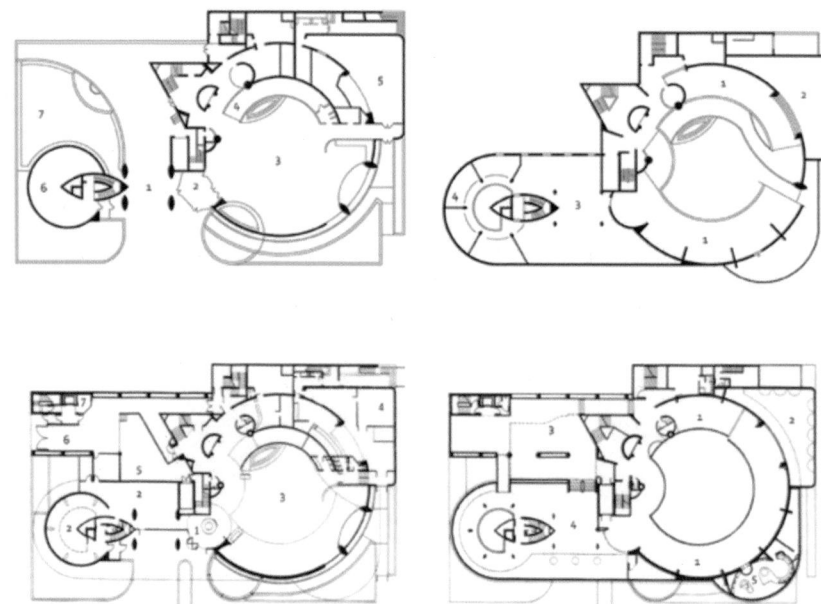

미술관 평면도 | 내부에 최대한 벽을 두지 않음으로써 시대의 변화나 상황에 따라 자유롭게 바꾸고 이용할 수 있도록 설계했다.

도 최대한 벽을 두지 않음으로써 시대의 변화나 상황에 따라 자유롭게 바꾸고 이용할 수 있도록 설계했다.

구겐하임 미술관은 오랜 세월을 지나는 동안 내부 구조를 여러 차례 공사했지만 프랭크 로이드 라이트의 건축관만큼은 뚜렷하게 유지하고 있다. 건축가의 생각을 상징하는 나선형 계단 등 핵심 디자인은 그대로 보존하되 유기적 건축이 지향하는 '변화'에는 적극적으로 부응한다. 변화하는 시대에 발맞춰 첨단 기술을 건축물에 적용한 것도 하나의 예다. 구겐하임 미술관은 관람객의 시선과 발길이 어떻게 움직이는지 추적하고 분석하는 기술이 탑재된 첨단

유기적 건축 | 건축가의 생각을 상징하는 나선형 계단 등 핵심 디자인은 그대로 보존하면서 변화에는 적극적으로 부응한다.

하이테크 빌딩이다. 어떤 작품을 얼마나 오랫동안 보는지, 전체 공간 중 어느 시설에 관람객의 관심이 집중되는지 데이터 분석 기술을 통해 고객이 좋아할 만한 프로그램을 기획하고 있다. 구겐하임 미술관은 겉모습을 유지하면서도 시대와 상황의 변화에 따라 기꺼이 진화하고 있다. 프랭크 로이드 라이트가 추구한 '살아 있는 유기체로서의 빌딩'이란 단지 건축 디자인에만 국한되는 것이 아님을 생각하게 한다.

프랭크 로이드 라이트는 구겐하임 미술관이 자연과 사람을 하나로 연결하는 매개체로서 역할을 해주길 바랐다. 미술관 디자인의 기본 요소는 자연의 아름다움을 충실하게 따른다. 건축물의 핵심 디자인인 나선형은 처음과 끝, 안과 밖의 구분이 명확하지 않은 형태로서 순환하는 자연을 표현하는 요소다. 430미터에 이르는 나선형 벽이 건물 외곽을 따라 돌고 각 공간은 나선형의 이동로를 따라 물 흐르듯 이어진다.

개관 당시 뉴욕 사람들은 이런 독특한 공간의 구성을 매우 불편하게 생각했다. 자연과 인공의 조화를 강조한 프랭크 로이드 라이트의 유기적 건축관은 뉴욕의 건축 트렌드와 너무 달랐다. 설계안이 발표된 후 시 당국과 뉴욕 시민들은 물론 예술가들까지 나서서 비난을 쏟아냈다. 바닥에 경사가 있으니 안정감이 없어서 관람이 불편할 것이라거나 위에서 들어오는 역광이 작품 감상에 방해가 된다는 등의 이유였다. 심지어 뉴욕에서 활동하는 예술가 21명은 연판장을 돌리면서 "미술관이 완공되더라도 그곳에 전시하지 않겠다."라고 선언했다.

그 와중에 프랭크 로이드 라이트의 절대적인 지지자였던 솔로몬 구겐하임이 1949년 사망하자 반발은 더욱 거세졌다. 건축 초기 시작된 반대 여론은 미술관이 완공되는 순간까지 수그러들지 않았다. 구겐하임 미술관이 완공됐을 때 『뉴욕타임스』가 '크고 하얀 아이스크림이 탄생하다'라는 타이

살아 있는 유기체로서의 빌딩 l 나선형의 디자인은 처음과 끝, 안과 밖의 구분이 명확하지 않은 형태로서 순환하는 자연을 표현하는 요소다.

3장 건축, 철학과 신념을 담아 작품이 되다 **245**

구겐하임 미술관은 완공되는 순간까지도 온갖 조롱에 시달렸지만 건축가의 신념대로 지어져 곧 세계적인 건축물이 되었다.

틀의 기사로 건축물을 조롱했을 정도다. 당시 여론이 얼마나 부정적이었는지 충분히 짐작할 만하다.

미술관 건립과 직간접적으로 관련된 다수가 반대하는 상황이라면 설계를 바꾸는 것이 자연스러운 선택이었을 것이다. 하지만 프랭크 로이드 라이트는 뜻을 꺾지 않았다. 그가 끝까지 버티며 구겐하임 미술관을 완성할 수 있었던 것은 "미술관을 꼭 완공해주시오."라는 건축주의 유언 덕분이었다. 그럼에도 불구하고 실제로 착공은 1957년에야 가능했다. 1943년 디자인을 구상하기 시작해서 1959년 완공을 하기까지 꼬박 16년이 걸렸다. 자신의 신념대로 미술관을 짓기 위해 프랭크 로이드 라이트는 세상을 떠나는 날까지 16년간 투쟁을 벌인 셈이다.

산책하듯 거닐며 건축과 예술을 경험하게 하다

구겐하임 미술관은 완공되는 순간까지도 온갖 조롱에 시달렸지만 곧 세계적인 건축물이 됐다. 예술의 도시 뉴욕을 상징하는 아이콘이 됐으며 1980년 8월에는 뉴욕시의 공식 랜드마크로 지정됐다.

돌돌 말린 나선형 벽체는 뉴욕의 주변 고층 빌딩과 확실하게 구분된다. 6층 높이의 하얀 건축물은 연면적 7,664제곱미터의 규모로 300만 달러의 건축비용이 소요됐다. 구겐하임 미술관은 외관 못지않게 내부 디자인도 유명하다. 입구를 지나면 크고 높은 아트리움에 들어선다. 이때 천장을 꼭 올려다봐야 한다. 유리 돔으로 만든 천장을 보고 있노라면 아트리움이 하늘을 향해 열린 공간이라는 착각이 든다. 특히 거미줄 같은 기하학 패턴의 유리 돔을 중심으로 층층의 나선형 통로가 겹쳐지면서 드러나는 곡선은 정말 아름답다.

구겐하임 미술관은 철골 구조에 콘크리트와 유리를 덧씌우는 방식으로 지어졌다. 모더니즘 건축의 대표적 소재인 콘크리트를 사용한 것 역시 매우 실험적인 시도였다.

전체 공간은 상층부로 올라갈수록 넓어지는 형태다. 중앙에 아트리움을 두고 비스듬한 나선형 통로가 맨 아래층에서 상층부까지

연결된다. 나선형 경사로를 따라 이어진 벽면이 곧 작품을 전시하는 공간이다. 아래부터 위까지 뱅글뱅글 돌아가는 실내 동선은 계단식 피라미드, 즉 지구라트Ziggurat라고 하는 바빌론의 탑에서 모티프를 가져왔다. 유기적 건축의 원칙인 공간의 연속성이 무엇을 뜻하는 것인지 이 나선형 통로에 서면 바로 이해가 된다. 프랭크 로이드 라이트는 관람객들이 엘리베이터를 타고 6층까지 올라간 후 내리막 경사로를 따라 아래로 이동하며 전시품을 감상하도록 동선을 구상했지만 꼭 그의 생각대로 움직일 필요는 없다. 실제로 관람객들은 1층에서 오르면서 관람을 하든 6층에서 내려오면서 관람을 하든 원하는 대로 이동하며 공간과 작품을 자유롭게 즐긴다.

아트리움 | 아래부터 위까지 뱅글뱅글 돌아가는 실내 동선은 계단식 피라미드, 즉 지구라트라고 하는 비빌론의 탑에서 모티프를 가져왔다.

구겐하임 미술관이 다른 미술관과 구분되는 특징 중 하나는 열린 전시실이다. 가운데 뻥 뚫린 아트리움 공간을 중심으로 외곽 이동 통로의 벽면이 전시 공간이기 때문에 미술관 내 어느 층에 서 있든 다른 층의 미술품이 훤히 보인다. 막혀 있는 공간에서 한 작품만 보는 것과 느낌도 다르고 스케일도 다르다. 미술계 전문가들 사이에서는 전시 공간의 벽면이 곡선이라 작품을 걸기 불편하고, 벽의 높이가 낮아 대형 작품을 기획하기 어렵고, 관람객이 미술관 내부를 둘러보느라 작품에 집중하지 못하는 점 등을 비판한다. 하지만 관람객의 입장에서 보면 구겐하임 미술관은 아름다운 환경에서 산책하듯 거닐며 예술을 즐기는 특별한 경험을 할 수 있는 공간이다.

오르막으로 시작하든 내리막으로 시작하든 경사로를 따라 이동하다 보면 중간층에 있는 카페를 거쳐야 한다. 잠시 쉬었다 가라는 의미다. 이곳에서 관람객들은 건축과 미술작품에 대한 느낌을 얘기하며 서로 경험을 공유하고 기억에 담는 시간을 보낸다.

1992년 구겐하임 미술관은 신관을 개관했다. 기존 미술관 바로 옆에 신축한 10층의 신관은 매우 평범한 직사각형 건물로 외벽의 격자무늬 패턴이 꾸밈의 전부다. 그웨스메이 시겔 앤드 어소시에이츠 건축회사Gwathmey Siegel and Associates Architects가 설계를 맡았다. 단순하다 못해 존재감이 없는 신관 건물은 기존 구겐하임 미술관의 전경을 해치지 않고 돋보이게 하려는 의도라고 한다.

무려 16년 동안 도시의 고정관념과 싸우며 지은 구겐하임 미술관은 2019년 유네스코 세계문화유산으로 지정됐다. 도시의 상징을 넘어 세계가 보존해야 할 인류의 유산으로 거듭난 것이다. 뉴욕이 구겐하임 미술관을 가질 수 있었던 것은 건축을 사랑했고 건축을 보는 안목이 뛰어났던 솔로몬 구겐하임이 있었기 때문이다. 그가 아니었다면 프랭크 라이드 로이트도 위대한 건축물을 탄생시킬 수 없었을 것이다. 미래의 언젠가 우리 사회에 통념을 거부하는 건축물이 등장해 논생이 벌어진다면 어떤 결과를 낳게 될까? 바라건대 그때가 왔을 때 훌륭한 건축물을 알아보는 통찰력 있는 발주자, 신념의 건축가, 그 결정을 믿고 기다려줄 수 있는 시민들의 인내심이 멋진 하모니를 이루어주길 기대해본다.

나선형의 통로 | 관람객은 통로를 따라 아름다운 환경에서 산책하듯 거닐며 예술을 즐기는 특별한 경험을 할 수 있다.

신관 외관 | 단순하다 못해 존재감이 없는 신관 건물은 기존 구겐하임 미술관의 전경을 해치지 않고 돋보이게 하려는 의도다.

3장 건축, 철학과 신념을 담아 작품이 되다 251

프랭크 로이드 라이트

프랭크 로이드 라이트는 미국을 대표하는 건축가이자 모더니즘* 건축의 거장이다. 르 코르뷔지에, 미스 반 데어 로에와 더불어 근대 건축을 대표하는 3대 건축가로 불린다.

1867년 미국 위스콘신주에서 태어나 위스콘신 대학에서 공학을 전공했다. 졸업 후 건축의 도시 시카고로 가서 당대 최고의 건축가 루이스 설리번Louis Sullivan의 건축회사에서 경험을 쌓았다. 1894년 건축사무소를 열었다. 개인 주택을 주로 설계하다가 20세기에 들어오면서 대형 빌딩의 설계로 영역을 확장했다. 뉴욕 버팔로시의 라킨 빌딩Larkin Building, 시카고의 유니티 교회Unity Temple in Oakpark 등을 설계하며 유럽 건축계에도 이름을 알리기 시작했다. 일본 건축에 관심이 많아서 1922년 일본 이누야마의 제국호텔Imperial Hotel을 설계했다. 1936년 미국 피츠버그의 낙수장Water Fall, 1938년 애리조나주의 탤리에신 웨스트Taliesin West 등의 건축으로 거장의 명성을 다졌다. 특히 탤리에신 웨스트에서 제자들과 기거하며 젊은 건축가를 양성하는 데 힘을 쏟기도 했다.

프랭크 로이드 라이트는 주로 대도시에서 활동했지만 자연 친화적 건축을 추구했다. 자연을 지배하고 인공적으로 변화시키는 건축이 아닌 주변 환경에 자연스럽게 녹아드는 디자인을 강조한 유기적 건축을 주창했다. 그의 건축관은 글로 읽는 것보다 작품을 보면 더 쉽게 이해할 수 있다. 미국 펜실베이니아주 베어런에 있는 카프만의 집 낙수장은 폭포 위에 지은 건축물이다. 콘크리트 외 건

---

* 부록 - 모더니즘 건축 참고

일본 이누야마의 제국호텔

미국 펜실베니아주 피츠버그의 낙수장

미국 애리조나주의 탤리에신 웨스트

축 재료를 모두 인근 자연에서 구했고 모든 방에 테라스를 두어 자연과 소통하는 공간으로 설계했다. 내부에 폭포가 이어지고 주변 바위들은 인공 건축물과 경계 없이 하나로 구성된다. '주택은 그 장소에서 쉽게 확장될 수 있어야 하고 그 환경과 함께 호흡할 수 있어야 한다.'라는 유기적 건축의 개념이 잘 드러난 작품이다.

시카고의 프레더릭 C. 로비 하우스Frederic C. Robie House는 프랭크 로이드 라이트의 대초원 양식Prairie Style의 대표작이다. 초원의 수평선에서 영감을 얻어 낮고 긴 형태가 특징이다. 내부에 벽이 없어 방들이 서로 연결된다. 이는 공간을 구분하지 않고 상황에 따라 넓은 공간으로 변화할 수 있도록 한 유기적 공간의 배치 형태다.

그는 생전에 "모든 나라는 고유의 건축이 있어야 합니다. 그리고 그 고유의 건축은 주변의 지형, 날씨, 사회상을 고려해야 합니다."라는 유명한 말을 남겼다. 그가 주장한 유기적 건축의 개념이 결국 인간에게 가장 좋은 환경을 위한 제언임을 깨닫게 한다.

한 세기에 걸쳐 생을 살았고 70세가 넘어 불후의 명작 뉴욕 구겐하임 미술관을 설계했을 만큼 건축가로서 화려한 명성을 누리다가 1959년 미국 애리조나주 피닉스에서 91세로 사망했다. 그가 세상을 떠난 지 60년 후인 2019년 유네스코는 솔로몬 구겐하임 미술관을 비롯해 낙수장, 프레더릭 C. 로비 하우스, 홀리혹 하우스Hollyhock House, 제이콥스 하우스Jacobs 1st House, 탤리에신 이스트, 탤리에신 웨스트, 유니티 교회 등 총 8개의 건축물을 '프랭크 로이드 라이트의 20세기 건축'으로 묶어 세계문화유산에 등재했다.

미국 시카고의 프레더릭 C. 로비 하우스

미국 로스앤젤레스의 홀리혹 하우스

미국 위스콘신주의 탤리에신 이스트

| 호주 시드니 |
시드니 오페라 하우스
: 도전과 좌절의 시간이 위대함을 빛다

시드니 오페라 하우스Sydney Opera House는 지구촌 변방의 도시 시드니를 세계적 문화관광 도시로 만든 1등 공신이다. 덴마크의 젊은 건축가 요른 웃손Jørn Utzon이 설계했고 1959년 공사를 시작해 1973년 완공됐다. 공사 기간만 16년에 공사비가 예산보다 약 15배가 늘었다. 그러다 보니 발주자인 정부 관료들과 시민들의 거센 비난을 받았고 건축가 요른 웃손은 공사 중에 사퇴해야 했다. 하지만 완공 후 시드니 오페라 하우스는 연간 200만 명의 관람객이 찾는 명소가 됐다. 문화 도시 시드니를 상징하는 아이콘으로 부상했다. 시드니 오페라 하우스는 건설관리PM 실패의 대표적 사례다. 하지만 건축가의 창조적 디자인과 건축 엔지니어의 도전 정신이 빚어낸 '20세기를 대표하는 건축물'로 평가받는다. 2007년 유네스코는 시드니 오페라 하우스를 세계문화유산에 등재했다.

소재지: 호주 시드니
건축가: 요른 웃손
완공: 1973년

　시드니는 세계 3대 미항 중 하나로 꼽히는 아름다운 항구 도시다. 호주의 경제, 문화, 교육의 중심지로서 수도 캔버라를 제치고 호주를 대표하는 도시로 불린다. 연간 900만 명 이상(2017년 기준)의 외국인이 방문한다. 세계적 관광 도시 시드니는 볼거리도 많지만 그중에서도 누구나 한 번은 꼭 찾는다는 명소가 있다. 바로 시드니의 상징 '시드니 오페라 하우스'다.

시드니 오페라 하우스 | 시드니 오페라 하우스는 연간 200만 명의 관람객이 찾는 명소로서 시드니를 상징하는 아이콘이다.

시드니 오페라 하우스는 시드니 항구의 푸른 바다를 배경으로 조개껍데기를 세워놓은 듯도 하고 팽팽하게 펼쳐 올린 요트의 새하얀 돛을 떠올리게도 한다. 햇빛이 좋은 날엔 그 반짝거리는 아름다움이 절정에 달한다. 유네스코는 2007년에 시드니 오페라 하우스를 세계문화유산에 등재했다.

세상에는 독특하고 아름다운 건축물이 많다. 도시들이 경쟁적으로 상징적 건축물을 짓는 상황이다 보니 어지간해서는 '세계적'이라는 수식어를 붙이기도 어렵다. 하지만 이런 첨단의 건축물 사이에서도 시드니 오페라 하우스는 여전히 위대한 현대건축물로 인정받는다. 1950~1960년대에 이런 디자인의 건축물이 등장했다는 것이 놀랍다. 당시의 건축 기술로 완공해냈다는 것이 경이롭기까지 하다.

이 경이로운 건축물을 설계한 건축가가 바로 요른 웃손이다. 그는 시드니 오페라 하우스의 디자인으로 2003년 프리츠커 상을 받았다. 하지만 그는 시드니 오페라 하우스 때문에 최고의 명예와 최악의 절망을 동시에 겪어야 했다. 사람들의 기대와 꿈을 안고 당당하게 출발했지만 주 정부에 1억 200만 호주달러의 엄청난 비용을 지게 했고 공사 기간은 무려 16년 동안 이어졌다. 그 와중에 요른 웃손은 쫓겨나는 수모까지 겪었다.

당시 건축 기술의 수준이 시대에 앞선 디자인을 뒷받침하기에는 충분하지 못했다. 엔지니어들은 건축가의 아름다운 디자인을 유지하기 위해 한계까지 밀어붙이는 실험을 반복해야 했다. 온갖 눈총을 받으며 1973년 완공된 시드니 오페라 하우스는 이후 극적인 반전의 스토리를 써나갔다. 시드니는 시드니 오페라 하우스 덕분에 세계에서 가장 아름다운 항구이자 문화예술의 도시로 세계인의 머릿속에 각인됐다. 가장 문제가 됐던 공사비용도 일찌감치 몇 배의 수익으로 돌아왔다. 시드니 오페라 하우스에서 열리는 공연은 누적 4,500만 명 이상의 관람객 수를 기록하고 있다. 연간 200만 명이 오직 아름다운 건축물을 감상하기 위해 이곳을 찾는다. 시드니 오페라 하우스는 시드니의 상징을 넘어 명실공히 호주를 상징하는 역사적인 건축물이 됐다.

만약 천문학적으로 불어나는 비용과 한없이 길어지는 공사 기간을 견디지 못하고 디자인을 바꿨다면 어떤 결과가 나왔을까? 또 엔지니어들이 새로운 건축 기술의 개발을 포기했다면 시드니 오페라 하우스는 어떤 모습의 건축물이 됐을까? 상상력 넘치는 디자인을 포기하지 않은 건축 관련자들의 의지가 세계문화유산을 낳은 것이다.

구사일생으로 살아났지만 곱사등이로 조롱받다

시드니 오페라 하우스는 호주 뉴사우스웨일스 주 정부의 기획으로 시작됐다. 1950년대만 해도 시드니는 황량한 식민지의 이미지가 강한 그저 그런 항구 도시였다. 주 정부는 시드니의 이미지를 현대적이며 문화적으로 바꾸기 위해 골몰했고 가장 효율적 방법으로 대규모 공연 시설을 짓기로 했다. 이는 1954년 당시 시드니 음악원장을 지낸 유진 구센스Eugene Goossens와 뉴사우스웨일스 주 총

디자인 국제공모 | 주정부는 시드니의 이미지를 현대적이며 문화적으로 바꾸기 위해 가장 효율적인 방법으로 대규모 공연 시설을 짓기로 했다.

리 조지프 케이힐John Joseph Cahill이 의기투합한 아이디어였다.

  1956년 시드니 오페라 하우스 디자인 국제 공모가 열렸다. 주 정부는 공모전 출품에 '3,000명을 수용할 수 있는 큰 홀과 1,200명을 수용할 수 있는 작은 홀을 포함한 공연 시설'의 기준을 제시했다. 전 세계 32개 국가에서 233건의 작품이 도착했다. 그중에는 르 코르뷔지에, 프랭크 로이드 라이트, 알바르 알토Alvar Aalto, 미스 반 데어 로에, 필립 존슨 등 당대 최고의 건축 명장들도 포함돼 있었다. 당시 38세의 젊은 건축가 요른 웃손은 1차 심사에서 보기 좋게 탈락했다. 투시도도 제출하지 않았고 수용인원도 부족했고 건축물이 부지의 경계를 넘어서는 등 공모 기준에 맞지 않았기 때문이다.

  그런데 심사 당일 교통 사정으로 늦게 합류한 핀란드 출신의 미

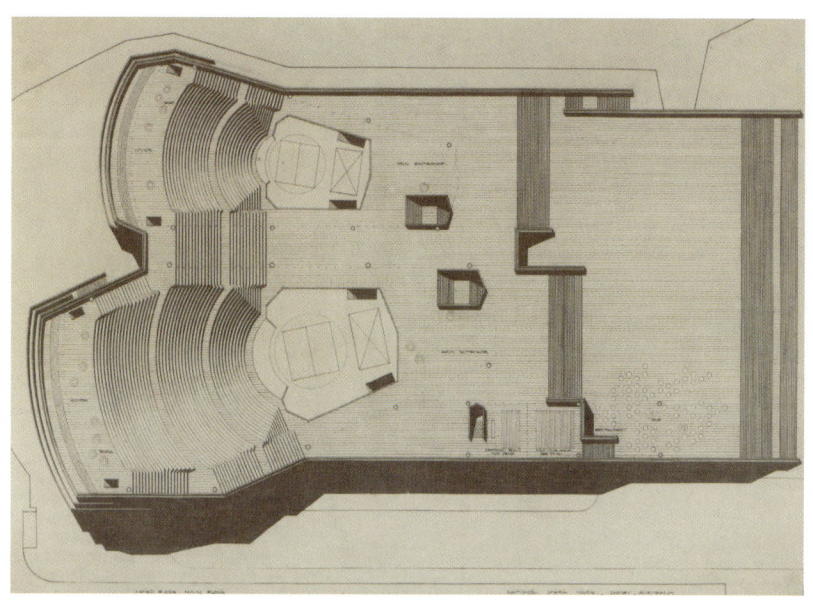

요른 웃손의 출품 이미지 | 공모 기준에 맞지 않아 1차 심사에서 탈락했으나 디자인의 독창성으로 에로 사리넨에 의해 발탁되었다.

국 건축가 에로 사리넨Eero Saarinen이 이미 탈락한 작품들을 다시 뒤적이는 과정에서 요른 웃손의 작품을 찾아냈다. 에로 사리넨은 뉴욕 케네디 공항의 트랜스월드항공TWA 터미널 등을 설계한 저명한 건축가다. 그는 이전의 건축물에서 볼 수 없는 디자인의 독창성에 매료됐고 다른 심사위원들을 적극적으로 설득했다. 요른 웃손에게 구사일생의 기회가 찾아온 것이다.

요른 웃손은 1958년 3월 영국의 구조 엔지니어 오브 애럽Ove Arup과 시드니를 방문했다. 오브 애럽은 세계적인 구조 엔지니어로서 현재 세계 최고의 건축 엔지니어링 회사 애럽Arup의 창업자이기도 하다. 그들은 함께 '레드북Red Book'으로 불리는 오페라 하우스 디자인 초안을 공개했고 다음 해 3월 기공식이 열렸다.

3장 건축, 철학과 신념을 담아 작품이 되다 **263**

설계 공모전 출품 이미지

설계와 공사를 동시에 진행하다 보니 설계에 맞는 시공 방법을 찾느라 시간이 지체되고 공사비가 불어났다.

행운을 거머쥔 젊은 건축가의 기대와 설렘이 얼마나 컸을까? 그는 레드북 발표 이후 2년 동안 설계를 발전시키며 오페라 하우스 건축에 집중했다. 그런데 설계가 모두 완성되기 전 공사를 시작하게 됨에 따라 요른 웃손과 오브 애럽은 공사의 진행 과정을 1단계 기초와 토대 공사, 2단계 곡면판Shell 모양의 지붕 구조체 제작과 타일 공사, 3단계 벽체와 내부 공사 등 총 3단계로 나누어 진행하고 각 단계에 맞춰 설계를 완성하기로 계획을 수정했다.

하지만 공사는 계획대로 진행되지 않았다. 설계와 공사를 동시에 진행하다 보니 현장에서는 자주 돌발 상황이 발생했다. 그때그때 설계에 맞는 시공 방법을 찾느라 시간은 한없이 지체됐다. 당연히 공사 비용도 계속 불어났다. 설계가 완성되기 전에 시공에 들어간 것이 큰 문제를 낳은 것이다. 이는 여론과 비용 등을 우려해 공사를 서둘러 추진한 주 정부의 잘못이 컸다. 하지만 막상 공사가 계획대로 진행되지 않자 정부 당국은 요른 웃손을 불신하기 시작했다.

그러던 중 요른 웃손을 전폭적으로 지지했던 조지프 케이힐 총리가 사망하자 불만의 목소리가 봇물이 터지듯 쏟아졌다. 세간에서는 오페라 하우스를 '콘크리트로 만든 낙타'라거나 오페라 하우스의 부지 베넬롱 곶의 지명을 따서 '베넬롱 곶의 곱사등이'라고 부르며 조롱을 일삼았다. 결국 주 정부는 요른 웃손에게 디자인 결정권을 포기하고 자문 역할만 하라고 했다. 공사가 겨우 2단계인 상황에서 청천벽력과 같은 말이었다. 그는 그러한 제안을 거부했다. 결국 1966년 "다시는 돌아오지 않겠습니다."라는 말을 남기고 마음에 커다란 상처를 입은 채 쓸쓸히 고향으로 돌아갔다.

건축 기술을 개발해가며 포기하지 않고 도전하다

시드니 오페라 하우스는 구조가 매우 복잡하다. 대지면적 1만 7,800제곱미터, 길이 183미터, 최대 너비가 120미터, 최고 곡면판의 높이가 해발 67미터로 거대한 규모를 자랑한다. 두 개의 공연장을 덮고 있는 쉘의 축은 남과 북을 향하고 있고 남에서 북으로 갈수록 사이가 벌어지며 약간 기울어져 있다. 처음 디자인을 스케치했던 1950년대 중반에도 실제 공사가 진행된 1960년대에도 이런 디자인을 쉽게 해결할 만한 건설 기술이 없었다.

외부의 곡면 시공을 위해 12가지가 넘는 대안을 만들고 결국 삼각 곡면 패널을 좌우 대칭으로 세워 구조를 해결했다.

1단계 기단 공사를 할 때까지도 설계가 완성돼 있지 않았다. 그러다 보니 2단계 곡면판 공사를 시작할 때 문제가 터졌다. 1단계에 건설한 기단이 애초 예상보다 더 크고 무거워진 곡면판을 지지할 수 없게 된 것이다. 할 수 없이 완성된 기단부 기둥을 철거하고 재시공할 수밖에 없었다. 시드니 오페라 하우스의 가장 중요한 디자인인 곡면 부위 공사는 기단 공사와는 비교가 안 될 정도의 난제였다. 곡면판은 높이도 엄청나고 무게도 대단했다. 바다에서 불어오는 강풍을 견디도록 두껍게 설계를 변경하는 바람에 늘어난 무게

조립식 패널 방식 | 곡면판은 현장에서 생산하고 조립하는 패널 방식으로 당시 가장 큰 문제였던 공사 기간과 비용을 줄일 수 있었다.

를 버틸 수 있도록 공사가 반복됐다. 원래의 디자인을 포기하고 변경을 하는 게 현실적일 수도 있었다. 하지만 요른 웃손에겐 환상의 파트너인 구조 설계를 담당한 오브 애럽이 있었다. 그는 경제적으로 시공이 가능한 곡면판의 기하학적 형태를 찾기 위해 무려 12가지 이상의 대안을 만들며 매달렸다.

1961년 드디어 요른 웃손과 오브 애럽은 해결 방법을 찾아냈다. 여러 크기의 삼각 곡면 패널을 만들고 좌우 대칭으로 세워 시드니 오페라 하우스의 곡면을 구성하는 방식이다. 패널을 조립식으로 생산하면 당시 가장 큰 문제였던 비용도 줄일 수 있기에 획기적인 아이디어였다. 곡면판은 2,400개의 뼈대 부재와 4,000장의 패널 부재를 현장에서 생산하고 조립하여 만들어졌다. 이 과정에 컴퓨터로 구조를 해석하고 축소 모델을 이용해 풍동 실험을 동시에 진행했다. 당시의 첨단 과학 기술이 총동원됐다.

1966년 요른 웃손이 갈등 끝에 물러난 후 호주 출신의 피터 홀 Peter Hall을 포함한 세 명의 호주 건축가가 투입됐다. 목표는 비용을 줄이는 것이었지만 최대한 요른 웃손의 디자인을 지키려고 노력했다. 대신 내부 공간은 요른 웃손의 디자인과는 크게 달라졌고 덕분에 공사 기간과 비용을 조금 줄일 수 있었다. 하지만 공사비용은 처음 예상했던 700만 호주달러보다 약 15배 더 많이 소요됐다.

원래 계획한 완공일보다 10년이 더 흐른 뒤인 1973년 영국의 엘리자베스 2세 여왕이 참석한 가운데 마침내 시드니 오페라 하우스의 준공식이 열렸다.

요른 웃손이 물러난 후 내부는 기존과 크게 달라져 비용을 줄일 수 있었으나 처음 예상보다 15배 더 많이 소요됐다.

오페라 하우스의 준공식 | 원래 계획한 완공일보다 10년이 더 흐른 뒤인 1973년에 오페라 하우스의 준공식이 열렸다.

계단식 기단 | 오페라 하우스 아래 넓고 거대한 기단은 요른 웃손이 멕시코 여행 중 웅장한 계단식 피라미드를 보고 감명을 받아 디자인에 적용한 것이다.

현실의 벽을 극복해 불후의 위대한 작품이 되다

시드니 항구에서 돌출된 베넬롱 곶에 자리한 시드니 오페라 하우스는 지형적 특성 때문에 바다 쪽에서 바라보면 마치 물 위에 떠 있는 듯 보인다. 하지만 지상에서 보면 지면보다 높은 계단식 기단 위에 앉아 있는 모습이 성전을 떠올리게 한다. 매우 넓고 거대하게 펼쳐진 기단은 요른 웃손이 멕시코 여행 중 마야 문명의 웅장한 계

3장 건축, 철학과 신념을 담아 작품이 되다

단식 피라미드를 보고 감명을 받아 시드니 오페라 하우스의 디자인에 적용한 것이라고 한다.

시드니 오페라 하우스는 거대한 곡선 지붕이 곧 건축물의 외벽을 구성한다. 소재는 하얀 도자기 타일이다. 그 모양이 조개껍데기처럼 보인다. 하지만 요른 웃손은 조개껍데기가 아니라 반으로 잘라 벗긴 오렌지 껍질을 보고 아이디어를 떠올린 것이라고 한다.

디자인 아이디어 | 요른 웃손은 반으로 잘라 벗긴 오렌지 껍질을 보고 아이디어를 떠올렸다고 한다.

시드니 오페라 하우스에 가까이 다가가면 곡면부의 표면이 절대 평범하지 않다는 사실을 알게 된다. 물고기 비늘로 덮인 높고 거대한 조개껍데기, 바로 그 모습이다. 흰색과 크림색의 두 가지 타일은 기하학적 패턴을 그리며 매끈한 표면을 이룬다. 이 타일을 개발하는 데 꼬박 3년여 기간이 걸렸다. 외벽에 사용된 도자기 타일은 100만 장 이상이다. 4,253개의 조립식 V형 콘크리트 패널에 접착제를 사용해 도자기 타일을 대각선 패턴으로 붙인 후에 이미 완성된 곡면판 구조물에 고정하는 방식으로 외벽을 완성했다.

 시드니 오페라 하우스는 공연예술을 위한 시설이지만 건축물을 궁금해하는 관광객을 위해 공연이 없는 시간에는 내부를 공개한다. 가이드를 따라 시설을 둘러보는 투어 코스가 마련돼 있다. 시

곡면부 표면 | 흰색과 크림색의 두 가지 타일은 기하학적 패턴을 그리며 매끈한 표면을 이루고 있다.

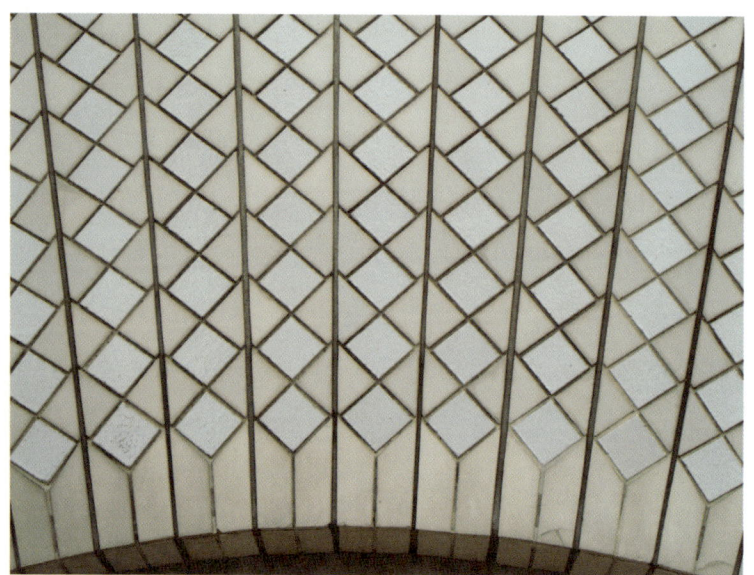

외벽 시공 방식 | 조립식 V형 콘크리트 패널에 접착제를 사용해 도자기 타일을 대각선 패턴으로 붙인 후 구조물에 고정하였다.

드니 오페라 하우스의 구구절절한 건축 과정을 듣는 관광객들은 흥미진진한 표정으로 이야기에 귀를 기울인다.

시드니 오페라 하우스는 디자인뿐만 아니라 세계적 수준의 공연 시설로도 유명하다. 내부 투어를 통해 2,700여 석의 콘서트홀, 1만 5,000개의 파이프를 가진 오르간, 1,500석 규모의 오페라 극장 등을 둘러볼 수 있다. 공연이 없는 공연장이 특별히 매력적인 것은 아니다. 하지만 텅 빈 무대를 바라보며 빈 좌석에 잠시 앉아 공간을 즐기는 것도 괜찮은 경험이다. 거의 매일 다양한 프로그램의 공연을 하고 있다. 일정을 확인해 공연을 관람한다면 이곳의 매력을 더 깊게 느껴볼 수 있다.

요른 웃손은 이토록 특별한 건축물을 설계하고도 준공식에 초청

오페라 하우스의 공연 시설 | 2,700여 석의 콘서트홀과 1,500석 규모의 오페라 극장 등으로 구성되어 있으며 1만 5,000개의 파이프를 가진 오르간이 설치되어 있다.

을 받지 못했다. 그의 심정이 어땠을까? 훗날 시드니 오페라 하우스 측은 요른 웃손에게 여러 번 화해의 손길을 내밀었다. 1985년 호주 정부는 요른 웃손에게 훈장을 수여했다. 1999년에는 요른 웃손을 시드니 오페라 하우스의 수선과 보수 작업을 위한 자문 건축가로 추대했다. 그런 노력에 요른 웃손도 마음을 열었다. 2004년 요른 웃손은 시드니 오페라 하우스의 내부 재설계에 참여했다. 이 공간은 '웃손의 방'이라는 이름을 붙였다. 하지만 그는 1966년 시드니를 떠날 때 남겼던 다짐대로 다시 시드니를 찾지 않았다. 표면

웃손의 방 | 2004년 요른 웃손은 오페라 하우스 내부 재설계에 참여하였으나 떠날 때의 다짐대로 시드니를 다시 찾지 않았다.

적으로는 건강상의 이유였다. 결국 그는 자신의 역작인 시드니 오페라 하우스를 직접 눈으로 보지 못하고 죽었다.

건축은 종합예술이다. 디자인만 아니라 토목, 구조, 설비, 비용, 공사 기간 등 현실의 벽을 넘어야 비로소 결과를 낼 수 있다. 건축가 한 명의 힘만으로 가능하지 않은 작업이다. 건축가의 창의성, 엔지니어의 공학지식, 좋은 건축물을 선택하는 발주자의 안목, 건축에 대한 애정을 가진 시민들의 인내심이 모두 필요하다.

평소 건축에 관심도 많고 욕심도 많다 보니 시드니 오페라 하우스 같은 건축물을 보면 매번 밀려오는 부러움에 괜스레 속상하다. 세계 어디에 내놔도 부끄럽지 않은 문화유산을 가진 우리가 현대건축에서만큼은 아직 자랑할 만한 것이 없다. 경제적 성장이 최우선적 목표일 수밖에 없었던 사정이 있었던 것도 사실이다. 하지만 이제라도 세계 유산으로 남을 만한 공공의 건축물을 우리도 한 번 꿈꿔볼 만하지 않을까?

요른 웃손

요른 웃손은 1918년 덴마크 코펜하겐에서 출생했다. 2003년 시드니 오페라 하우스의 디자인으로 프리츠커 상을 수상하며 건축 명장의 반열에 올랐다. 당시 프리츠커 상 심사위원인 건축가 프랭크 게리Frank Gehry는 "1950년대에는 상상할 수 없는 최고의 공법으로 20세기 최대의 걸작품을 탄생시켰습니다."라는 말로 그의 재능과 공로에 찬사를 보냈다.

그는 1942년 코펜하겐 건축학교를 졸업했고 스웨덴 건축가 에리크 아스플룬드Erik Gunnar Asplund와 핀란드 건축가 알바르 알토 등의 북유럽 건축가들과 교류하며 많은 것을 배웠다. 1948년에는 파

덴마크 코펜하겐 바우스배어 교회

3장 건축, 철학과 신념을 담아 작품이 되다 **277**

리에서 르 코르뷔지에와 만나 실무를 경험했다. 1949년에 미국으로 건너가 현대건축의 거장 프랭크 로이드 라이트가 설립한 탤리에신에서 건축을 공부하기도 했다. 탤리에신은 프랭크 로이드 라이트가 학생들과 함께 생활하며 공부와 실무를 병행할 수 있는 교육 프로그램을 운영한 곳이다. 그는 이곳에서 미스 반 데어 로에와도 만날 기회를 가졌다. 그리고 이 시기 멕시코 여행을 떠났다. 마야 유적의 기단을 보고 영감을 받아 훗날 시드니 오페라 하우스 기단에 아이디어를 적용했다.

요른 웃손은 건축물이 들어설 지역의 성격과 특징을 모티프로 삼아 건축 디자인에 반영했다. 그는 주위 환경과 조화를 이루는 건축의 요소로서 지붕과 기단을 주로 활용했다. 그는 프랭크 로이드 라이트가 주창한 유기적 건축과 기하학적 건축의 결합을 추구했다. 그의 건축 성향을 잘 보여주는 대표작은 덴마크 코펜하겐 근교인 박스베르드Bagsværd에 있는 루터 교회다. 이 교회는 서양 교회 건축의 전통을 현대적으로 해석했다고 평가받는다. 지역 교회의 특징인 순수함과 단순함이 돋보인다. 여러 개의 사각형 입방체를 쌓아 올린 형태는 농촌에서 흔히 볼 수 있는 곡물 저장용 창고와 축사의 이미지를 결합한 것으로 지역주의 건축의 요소를 충실하게 따르고 있다.

요른 웃손은 시드니 오페라 하우스 외에는 크게 주목받을 만한 작품을 남기지는 못했다. 하지만 그는 2008년 세상을 떠날 때까지 사람, 자연, 주변 환경에 대한 존중을 바탕으로 유기적 건축 공간을 만드는 건축가로서 자신만의 건축 세계를 확립했다.

덴마크 박스베르드 교회

| 프랑스 마르세유 |

위니테 다비타시옹

: 건물이 아닌 인간을 위한 도시를 꿈꾸다

프랑스 마르세유의 위니테 다비타시옹Unité d'Habitation은 직역하면 '주거 통일체' '주거 단위'라는 뜻의 공동주거 건축물이다. 근대 건축의 거장 중 한 명으로 20세기 주택의 혁신을 가져온 건축가 르 코르뷔지에의 대표 작품으로서 현대 아파트 건축의 원형이자 모더니즘 건축의 대표로 꼽힌다. 위니테 다비타시옹은 저소득층을 위해 지어진 공동주택이다. 현대건축에 엄청난 영향을 미친 르 코르뷔지에의 '도미노 이론' '현대건축 5원칙' '모듈러 이론'이 모두 적용됐다.

르 코르뷔지에는 '인간을 위한 건축과 삶이 행복한 도시'를 꿈꾼 건축가였다. 그의 철학을 담은 위니테 다비타시옹은 건축된 지 70여 년의 세월이 흘렀지만 여전히 혁신의 아이콘으로서 수많은 건축가들이 연구하는 작품이다. 위니테 다비타시옹은 현재까지도 원래 건축된 모습을 그대로 보존하고 있으며 2016년 유네스코 세계문화유산으로 지정됐다.

소재지: 프랑스 마르세유
건축가: 르 코르뷔지에
완공: 1952년

프랑스 출장길에 굳이 마르세유를 찾은 건 순전히 르 코르뷔지에 때문이었다. 르 코르뷔지에는 생전에 설계한 건축물 상당수가 유네스코 세계문화유산으로 지정됐을 만큼 건축계에 미친 영향이 대단하다. 그의 작품 중에서도 가장 유명한 건축물 중의 하나가 바로 마르세유에 있는 위니테 다비타시옹이다. 출장지 칸에서 마르세유는 대중교통으로 고작 2시간 정도면 가는 가까운 거리다. 오랫동안 책으로만 접했던 르 코르뷔지에의 위니테 다비타시옹을 직접 볼 수 있는 절호의 기회였다. 빠듯한 일정에 마르세유 방문 계획을 끼워 넣는 일이 쉽지 않았지만 포기할 수는 없었다.

마르세유는 프랑스 남부 프로방스 알프코트다쥐르 지방의 항구 도시로서 파리에 이어 두 번째로 큰 도시다. 마르세유는 우리에게도 꽤 익숙한 도시다. 프랑스의 국가 '라 마르세예즈'가 프랑스 혁명 기간 파리로 올라온 마르세유 의용병들이 부르던 군가라는 건 널리 알려진 사실이고, 누구나 한 번은 읽었을 알렉상드르 뒤마

위니테 다비타시옹 | 1952년 완공된 현대 고층 아파트의 원형이자 주상복합빌딩의 효시로서 주거 건축물의 혁신을 상징하는 아이콘이다.

Alexandre Dumas의 『몬테크리스토 백작』 속 배경이 마르세유다. 남프랑스 여행의 시작이자 끝이라고 할 만큼 휴양지로 유명한 마르세유에서 위니테 다비타시옹은 사람들에게 인기 있는 관광 명소 중 하나다.

위니테 다비타시옹은 현대 고층 아파트의 원형이자 주상복합빌딩의 효시로서 주거 건축물의 혁신을 상징하는 아이콘이다. 1952년 완공된 오래된 건축물이지만 여전히 세련되고 모던한 건축미가 놀랍다. 전 세계적으로 초고층 주상복합빌딩이 흔하게 건설되는 시대다. 그럼에도 위니테 다비타시옹을 직접 보면 건축의 거장들이 르코르뷔지에를 숭배하는 이유에 공감할 수밖에 없다.

건축의 중심에 인간을 두고 고민하다

제2차 세계대전은 유럽의 건축 트렌드에 큰 변화를 가져왔다. 전후 폐허가 된 도시를 복구하는 과정에서 건축의 핵심은 '속도'였다. 전쟁이 끝나고 도시로 몰려드는 사람들의 거주 공간이 절대적으로 부족한 상황에서 낭만이 끼어들 틈은 없었다. 과거 건축에서 중요했던 외관 장식을 과감하게 없애고 대량생산이 가능한 강철과 콘크리트로 지은 직사각형 건축물이 실용과 효율이라는 이름으로 등장하기 시작했다. 이런 흐름을 주도한 건축가가 바로 르 코르뷔지에다.

'집은 사람이 살기 위한 기계'라고 정의한 르 코르뷔지에는 건축의 중심에 인간을 두고 인간의 편의에 맞춘 주거를 고민한 건축가다. 전후 르 코르뷔지에의 가장 큰 관심은 전쟁으로 삶의 터전을 잃은 사람들에게 '어떻게 하면 더 빠르고 값싼 비용으로 집을 지어줄 수 있을까?'였다.

1945년 전쟁이 끝난 직후 마르세유에는 서민들이 거주할 만한 주택이 턱없이 부족했다. 프랑스의 재건 및 도시계획성 장관 도트리R. Dautry는 르 코르뷔지에에게 서민용 주택을 지어달라고 요청했다. 르 코르뷔지에는 자신의 건축관을 담아 '큰 주거 건물'이라는 뜻의 위니테 다비타시옹을 설계했다.

위니테 다비타시옹은 당시 보편적 건축공법이었던 벽돌을 쌓아 올리는 조적식 구조에서 벗어나 철근 콘크리트 구조를 채택했다. 건설 자재를 규격화해서 생산하고 공장에서 생산된 조립식 판으로 시공을 하는 방식을 통해 원가를 절약했다. 길이 137미터, 폭

옥상공간 | 상대적으로 자연 친화적인 환경에서 멀어지는 집합주택의 특성을 고려해 옥상공간을 활용하는 아이디어를 적용했다.

25미터, 높이 70미터의 위니테 다비타시옹은 당시 집합주거의 개념을 바꾸는 혁신적인 도전이었다. 물론 그 시대에도 집합주거용 건물, 즉 아파트가 존재하긴 했다. 하지만 1,600명을 수용하는 대규모 고층 아파트는 첫 시도였다. 게다가 1950년대에는 누구도 중요하게 생각하지 않았던 거주의 실용성을 높이기 위해 아파트 내에 많은 편의 시설을 들여왔다. 상대적으로 자연 친화적인 환경에서 멀어지는 집합주택의 특성을 고려해 필로티Pilotis로 지상 공간의 활용도를 높이거나 옥상 공간을 활용하는 아이디어를 적용했다. 또 각 세대를 매우 획기적인 방식으로 배치함으로써 독립성을 성공적으로 확보한 것도 위니테 다비타시옹이 쓴 혁신의 기록들이다.

르 코르뷔지에의 모더니즘 건축은 빠른 속도로 건물을 대량공급해야 하는 정부, 건축 자재를 대량생산하는 기업, 싼 가격의 실

입면 디자인 | 빨강, 파랑, 노랑의 원색으로 구성된 외부 발코니의 칸막이와 노출 콘크리트의 거친 표면이 유니크한 건축미를 완성한다.

용적인 집이 필요한 서민들의 요구를 모두 충족시켰다. 하지만 위니테 다비타시옹을 기능적인 측면으로만 평가할 수는 없다. 그보다는 지상을 공공에 개방하고 상업 공간을 건물 내에 배치한 설계의 사회적 의미를 더 살펴야 한다. 위니테 다비타시옹은 주거 시설의 개념을 단순히 사람이 사는 곳이 아니라 '더 많은 사람이 더 효율적인 공간에서 함께 살 수 있는 집'으로 바꾼 기념비적 건축물이다. 르 코르뷔지에는 건물을 위한 도시가 아니라 인간을 위한 도시를 꿈꾸었다. 그는 영원한 혁신의 건축가다.

위니테 다비타시옹은 현대건축의 시작이다

위니테 다비타시옹의 디자인은 평범하지 않다. 흔한 직사각형의 콘크리트 빌딩이지만 빨강, 파랑, 노랑의 원색으로 구성된 외부 발코니의 칸막이와 르 코르뷔지에 건축의 트레이드 마크인 노출 콘크리트의 거친 표면이 유니크한 건축미를 완성한다. 현재 사람들이 거주하는 아파트이지만 방문객들의 건물을 보기 위한 사람들의 발길이 끊이지 않는지라 3층과 4층의 상가 등 일부 공간을 공개하고 있다.

위니테 다비타시옹의 건축적 의미를 좀 더 잘 이해하기 위해서는 약간의 건축 상식이 필요하다. 위니테 다비타시옹은 르 코르뷔지에가 연구한 현대건축 5원칙, 도미노Dom-Ino 이론, 모듈러Modular 이론 등의 건축이론을 그대로 적용한 작품이다. 현대건축 5원칙이란 현대건축의 대표적 요소로 필로티, 옥상 정원, 자유로운 평면, 자유로운 파사드, 수평창 등 5개 요소를 말한다. 현대건축 5원칙이 건축계에 미친 영향은 대단히 크다. 한국의 어느 동네에서라도 르 코르뷔지에의 현대건축 5개 요소를 적용한 건물들은 쉽게 찾을 수 있다.

위니테 다비타시옹은 도미노 이론에 따라 구조를 설계했다. 도미노 구조란 집을 뜻하는 라틴어 '도무스Domus'와 혁신을 뜻하는 '이노베이션Innovation'을 합친 말로서 최소한의 가는 철근 콘크리트 기둥들이 모서리에서 지지하는 구조

도미노 구조 | 기둥이 하중을 지탱하기 때문에 개방적인 구조시스템으로 자유로운 입면 구성이 가능해진다. 이로 인해 건물 디자인이 크게 변화되고 훨씬 다양해지게 되었다.

6미터 높이의 필로티 | 기둥 34개로 건물을 들어 올린 형태로 지상에서 건물이 차지하는 면적을 최소화하고 녹지를 최대한 많이 유지하는 효과가 있다. ⓒ위키미디어 커먼스

를 말한다. 도미노 구조를 적용하면 개방적인 구조시스템으로 자유로운 입면 구성이 가능해진다. 기존에는 벽이 힘을 지탱하는 내력벽을 이용했기에 창문을 마음대로 뚫을 수 없었다. 하지만 도미노 시스템은 콘크리트 기둥들이 하중을 지탱하기 때문에 전체 입면을 다 유리창으로 할 수 있다. 이로 인해 건물 디자인이 크게 변화되고 훨씬 다양해지게 되었다.

르 코르뷔지에는 위니테 다비타시옹을 6미터 높이의 필로티(기둥) 34개로 건물을 들어 올린 형태로 만들었다. 필로티 구조는 지상에서 건물이 차지하는 면적을 최소화하고 지상의 녹지를 최대한 많이 유지하는 효과가 있다. 그는 이렇게 확보된 지상의 공간을 공공에 개방했는데 평소 '지상은 누구의 소유도 아닌 모두의 것'이라

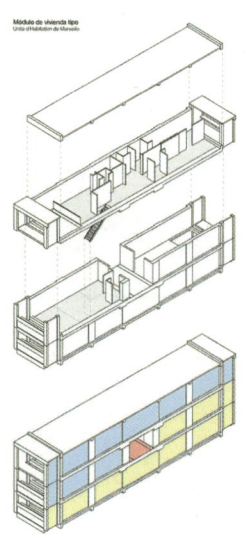

세대 구성 | 모든 가구는 복층형으로서 한 가구가 2개 층을 사용하도록 설계되었고 복도는 3개 층마다 하나씩 있다.

는 철학을 현실화한 공간이다. 지상을 공공의 공간으로 내어주면서 손실된 면적은 옥상을 활용하는 것으로 채웠다. 옥상에는 정원과 유치원, 조깅트랙, 수영장 등 주민을 위한 공용 시설을 배치했다.

건물에는 총 337세대가 거주한다. 1인용부터 8인의 대가족용까지 무려 23개 타입의 구조로 돼 있다. 모든 가구는 복층형으로서 한 가구가 2개 층을 사용하도록 설계됐다. 복도는 3개 층마다 하나씩 있다. 중앙에 있는 복도에서 한 세대는 밑으로 한 세대는 위층으로 진입하는 구조다. 즉 복도를 중심으로 ㄱ, ㄴ 형태의 교차 배치를 한 덕분에 모든 가구가 양방향 통풍이 가능하고 공용면적도 크게 줄이는 효과가 있다. 지금 봐도 매우 혁신적인 공간 디자인에 감탄이 절로 나온다.

외벽의 수평으로 길게 난 연속 창은 자연광을 극대화하기 위한

발코니 디자인 | 외벽의 수평창은 자연광을 극대화하기 위한 설계다. 자연스러운 채광을 위해 발코니 창은 건축의 중요한 요소로 강조된다.

설계다. 르 코르뷔지에는 자연스러운 채광을 위해 발코니 창을 건축의 중요한 요소로 강조했다. 건축가의 뜻을 존중하는 의미에서 위니테 다비타시옹의 발코니는 절대 개조할 수 없다고 한다. 위니테 다비타시옹의 3, 4층에는 상업 시설이 입점해 있고 7층과 8층에는 24개 객실의 호텔이 있다. 당시 위니테 다비타시옹 인근에 편의 시설이 없었기 때문에 하나의 건물이 복합적인 기능을 수행하도록 한 매우 반짝이는 아이디어였다. 물론 현재는 주변에 좋은 호텔을 비롯해 상업 시설이 많아졌다. 위니테 다비타시옹 호텔은 오래돼 객실 만족도가 높은 편은 아니다. 하지만 역사적인 건축물을 경험하고 싶은 사람들에게는 꽤 인기가 높은 호텔이다.

디자인 측면에서 가장 눈에 띄는 특징은 모듈러 이론의 적용이다. 르 코르뷔지에가 주창한 모듈러 이론은 기존 건축에 사용되던

3장 건축, 철학과 신념을 담아 작품이 되다

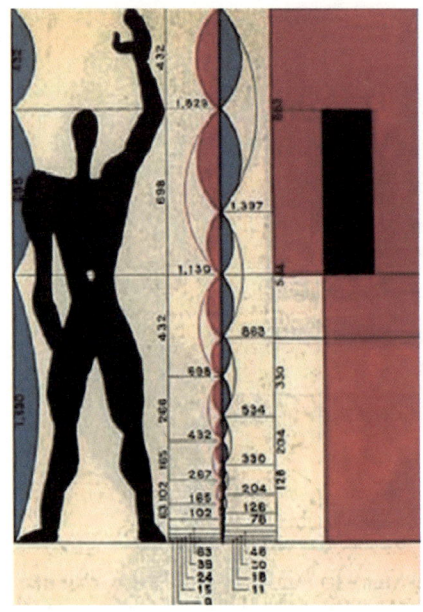

모듈러 이론 적용 | 기존 건축에 사용되던 미터법이나 인치법 대신 인체의 척도와 비율을 기초로 황금분할을 찾아내 적용했다.

미터법이나 인치법 대신에 인간 신체의 척도와 비율을 기초로 황금분할을 찾아내 건축학적으로 수치화한 것이다.

다시 말해 최소한의 공간 속에서 사람이 팔을 벌리고 움직일 때 불편함이 없도록 건축물을 지어야 한다는 주장이다. 르 코르뷔지에는 생전에 천재 물리학자 아인슈타인에게 모듈러 이론에 대해 조언을 구한 적이 있다. 아인슈타인은 "세상을 바꿀 만한 엄청난 연구"라고 찬사를 보내기도 했다. 르 코르뷔지에는 황금비율을 모듈러 구조에 적용했고 다양하게 조합해 건축 재료와 공간 분할의 기준 수치로 활용했다. 모듈러 이론은 이후 건축계에 큰 영향을 미쳤다. 하지만 유럽 성인 남성의 키 183센티미터를 기준으로 가장 편안함을 느끼는 황금비율을 수치화한 것이라 전 세계에서 그대로 적용하긴 어려웠다.

행복한 도시에는 행복한 건축이 있다

위니테 다비타시옹은 1945년 설계를 시작해 2년 후인 1947년 기초공사를 시작했고 1952년 완공됐다. 설계에서 완공까지 총 7년이 걸렸다. 워낙 혁신적인 디자인이었기 때문에 위니테 다비타시옹은 완공 후 한동안 거센 비판에 직면해야 했다. 당대의 몇몇 건축가들은 "여기에서 살면 정신병에 걸릴 수 있겠다."라며 빈정거렸다. 실제로 초기에는 입주가 잘되지 않아 애를 먹었다고 한다. 이후 독특한 건축 디자인으로 입소문이 나면서 관광객들이 찾는 마르세유의 명소가 됐고 마침내 건축사에 한 획을 긋는 역사적 건축물로 등극했다.

위니테 다비타시옹이라는 이름은 건축계에서 곧 혁신을 의미한다. 위니테 다비타시옹은 르 코르뷔지에의 혁신적 건축관은 물론이고 싸게 대량으로 공급할 주택을 짓는 데 당대 최고의 건축가에게 프로젝트를 의뢰한 프랑스 정부의 혁신적 발상이 결합해 탄생했다. 위니테 다비타시옹의 영향을 받아 프랑스의 낭트와 베를린 등 다른 도시에도 같은 형태의 집합주거 건물이 세워졌다. 위니테 다비타시옹은 '인간을 위한 건축'이라는 철학에서 출발한다. 자연과 인간이 공존하고 소유가 아니라 주거의 공간으로 탄생한 도시형 건물이다. 지금까지도 여전히 위대한 건축으로 인정받는 이유는 인간 중심의 철학 때문이다. 전 세계에서 우리만큼 고층 아파트를 선호하는 사회가 또 있을까? 르 코르뷔지에 건축에서 가장 큰 영향을 받았지만 형식만을 쫓을 뿐 건축가의 철학은 받아들이지 못한 아쉬움이 있다. 지금 우리가 사는 아파트는 주거가 아닌 소유의 개념, 투자 혹은 투기의 대상이 돼버렸다. 처음 아파트의 원형을 설계한 르 코르뷔지에의 메시지를 읽기 어렵다. 철학을 덮어버린 자본의 욕망은 도시의 삶을 풍요롭게 할 수 없다. 혁신적 디자인의 건축물은 도시의 품격을 높인다. 하지만 인간을 위한 주거 철학이 빠져 있다면 품격 있는 삶이 가능한 도시는 요원할 것이다.

르 코르뷔지에

르 코르뷔지에만큼 화려한 수식어로 설명되는 건축가도 드물다. 그는 미스 반 데어 로에, 프랭크 로이드 라이트와 함께 근대 건축의 3대 거장이며 '집은 살기 위한 기계'라는 신조로 인간을 위한 건축을 실천한 건축가다. 그는 모더니즘* 건축의 대표 건축가로 인정받고 있다.

그는 스위스에서 시계 세공업을 하던 잔느레 집안의 아들로 태어나 1902년 14세의 나이로 시계 장식미술을 배우기 위해 미술학교에 다닌 것이 학교 교육의 전부였다. 미술학교의 교사였던 샤를 레플라트니에Charles L'Eplattenier는 그가 시계 세공업자만 하기에는 재능이 아깝다고 생각하고 건축의 길로 안내했다. 그가 17세 때 건축가 르네 샤팔라R. Chapallaz를 소개해 그 밑에서 건축을 배우

---

* 부록- 모더니즘 건축 참고

도록 했다. 그는 그곳에서 일하면서 첫 작품으로 팔레 주택Villa Fallet을 설계했다.

20대 전반에 견문을 넓히기 위해 유럽 각지로 여행을 다녔다. 1911년 24세 때 프라하에서 이스탄불, 그리스와 이탈리아 남부, 로마로 이어지는 동방 여행을 했다. 그는 고대 건축물을 직접 실측하고 스케치하는 시간을 가지며 건축가로서 자신의 길을 확신하게 됐다. 그 후 철근 콘크리트 구조의 개척자인 건축가 오귀스트 페레Auguste Perret의 사무실에 취직해 새로운 건축을 접했고 현대적 건축 기술을 이용한 이론을 연구했다. 최소한의 철근 콘크리트로 기둥과 평면의 한쪽에서 각 층으로 갈 수 있는 계단으로 개방적 구조를 창안한 도미노 이론 등 현대건축 5원칙과 모듈러 이론 등 중요한 건축이론을 남겼다.

르 코르뷔지에는 초기에 주로 주택 중심의 작업을 했다. 페사크의 주택단지, 슈투트가르트 주택박람회의 집, 가르슈의 주택, 그리고 필로티 위에 떠 있는 원초적 형태의 푸아시의 빌라 사보아Villa Savoye 등이 대표적이다. 그는 도시계획 분야에서도 큰 족적을 남겼다. 1922년 파리의 '300만 거주자를 위한 현대 도시 계획안'은 비행기가 뜨고 내릴 수 있는 활주로, 기차역, 마천루, 공공건물, 빌라형 공동주택 등을 비롯해 중심지구의 95%를 녹지로 조성하는 등 파격적인 내용을 담고 있다. 실행되지는 못했지만 르 코르뷔지에의 도시계획 기초원리가 이때 확립됐다. 그의 도시계획이론이 구체적으로 적용된 것은 1951년 인도의 계획 도시 찬디가르의 도시계획이었다. 이때 르 코르뷔지에가 디자인한 법무부 청사, 국회

인도의 계획 도시 찬디가르의 법무부 청사

인도의 계획 도시 찬디가르의 국회의사당

인도의 계획 도시 찬디가르의 고등법원

의사당, 고등법원 등 건축물을 보기 위해 지금도 많은 여행자가 찬디가르를 찾는다.

르 코르뷔지에는 프랑스 롱샹의 노트르담 뒤 오Notre Dame du Haut, 일본 도쿄 국립서양미술관, 미국 하버드 대학교의 비주얼 아트센터Carpenter Center for the Visual Arts 등 세계 곳곳에 많은 작품을 설계했고 1965년 심장마비로 78세에 타계했다. 화가이자 조각가, 도시계획가, 가구와 공예디자이너, 저술가, 도시이론가였던 그의 장례식은 프랑스 루브르궁에서 거행됐다. 당시 프랑스 문화부 장관 앙드레 말로Andre Malraux는 진혼사에서 "그는 그리스 최고의 조각가 페이디아스, 르네상스의 천재 화가 미켈란젤로와 같은 반열의 예술가입니다."라고 공적을 치하했다. 유네스코는 2016년에 그의 17개 건축물 모두를 세계문화유산으로 지정했다.

프랑스 롱샹의 노트르담 뒤 오 외부

프랑스 롱샹의 노트르담 뒤 오 내부 ⓒ위키미디어 커먼스

일본 도쿄 국립서양미술관

미국 하버드 대학교 비주얼 아트센터

4장

건축, 눈물을 씻어주고 희망을 품게 하다

건축의 출발점도 도달점도 사람이다.

— 프랭크 게리|Frank Gehry

| 스페인 빌바오 |

빌바오 구겐하임 미술관

: 예술작품이 된 미술관이 도시를 살리다

스페인의 빌바오 구겐하임 미술관Guggenheim Museum Bilbao은 건축가 프랭크 게리Frank O. Gehry가 설계했다. 뉴욕의 솔로몬 구겐하임 미술관의 분관으로 건립됐다. 하지만 전 세계에 미친 영향력은 모체격인 뉴욕 구겐하임 미술관을 훨씬 뛰어넘는다. 빌바오 구겐하임 미술관은 잘 만든 건축물이 도시의 경쟁력을 끌어올린다는 '빌바오 효과'라는 말을 탄생시켰다. 쇠락해가는 공업 도시 빌바오가 천재 건축가와 협력하여 아름답고 창조적인 문화 공간으로 거듭났고 국제적 문화 도시가 됐다.

그 기막힌 스토리의 주인공으로서 빌바오 구겐하임 미술관은 현대건축계의 기념비적인 건물이자 도시재생을 상징하는 아이콘 건축이 됐다. 1997년 개관 이후 지금도 해마다 전 세계에서 100만 명 이상이 아름다운 미술관을 보기 위해 빌바오를 찾는다.

소재지: 스페인 빌바오
건축가: 프랭크 게리
완공: 1997년

스페인을 대표하는 도시가 어디냐고 물으면 사람들은 주저 없이 바르셀로나를 말한다. 바르셀로나는 위대한 건축가 안토니 가우디 Antoni Gaudi의 도시이고 곧 스페인의 건축을 상징한다. 하지만 건축, 특히 현대건축에 조금이라도 관심이 있는 사람들은 스페인 북부의 작은 도시 빌바오를 그냥 지나치지 않는다. 현대 건축사의 한 획을 그었다고 평가받는 건축물이자 아이콘 건축의 시발점이 된 빌바오 구겐하임 미술관을 보기 위해서다.

전시 작품보다 미술관을 보려는 사람들로 북적이는 빌바오 구겐하임 미술관은 건물이 너무 유명해서 되려 전시품이 주목을 받지 못하는 상황 때문에 때론 비판의 대상이 되기도 한다. 한마디로 본말이 전도된 건축물이라는 지적인데 일견 이해되는 얘기다. 하지만 막상 이 아름다운 건축물과 직접 마주하면 '어쩔 도리가 없다.'라고 생각한다. 건축가 프랭크 게리의 창의적 발상에 바로 압도당하기 때문이다. 동서양의 수많은 건축물을 보았지만 빌바오 구겐

빌바오 구겐하임 미술관 외관 | 미술관 건물이 너무 유명해서 되려 전시품이 주목을 받지 못하는 상황 때문에 비판의 대상이 되기도 한다.

하임 미술관만큼 깊은 인상을 받은 건축물은 많지 않다. 빌바오의 네르비온 강변에서 금빛 자태를 자랑하던 구겐하임 미술관을 떠올리면 여전히 묵직한 감동이 차오른다.

빌바오는 깨끗하고 세련된 도시다. 수도 마드리드와 바르셀로나가 남부 유럽 특유의 향취가 가득한 도시라면 빌바오는 언뜻 북부 유럽 도시의 풍광을 떠올리게 하는 차분함과 모던함이 있다. '이 도시가 정말 과거에는 죽어가는 도시였다고?' 하는 의심이 들 만큼 아름답고 매력적이다.

스페인 북부 바스크주의 해안 도시 빌바오는 과거 조선업과 철강산업으로 부흥했던 도시다. 그러나 1970년대에 이르러 급격하게 쇠락의 길을 걷기 시작했다. 국제 조선과 철강업계에 아시아 국가들이 부상하면서 주도권을 빼앗겼고 바스크 분리 독립운동 등 정치적 불안까지 가세하면서 경제가 회복하기 어려울 정도로 나빠졌다. 항만의 산업단지와 네르비온강 주변에 들어섰던 공장들이 문을 닫았다. 일자리를 잃은 사람들은 도시를 떠났다.

어떻게든 살아남아야 했던 빌바오의 선택은 '문화'였다. 제조산업의 기반이 무너진 상황에서 사람들을 다시 도시로 불러 모을 수 있는 산업은 문화와 관광뿐이었다. 전통적인 공업 도시 빌바오는 문화 도시로 새롭게 변화하기 위해 도시재생 프로젝트를 세웠다. 시 정부는 때마침 뉴욕 구겐하임 미술관이 유럽에 분관을 지을 도시를 찾는다는 소식을 듣고는 자청해서 찾아갔다. 빌바오는 구겐하임 재단이 고려 중인 후보지에 이름조차 올리지 못한 관심 밖의 도시였다. 하지만 적극적으로 구애를 펼쳤다. 구겐하임 재단은 유럽의 콧대 높은 유명 도시들 대신 빌바오의 손을 잡았다.

하지만 빌바오 시민들의 생각은 정부와 달랐다. 도시에 일자리가 부족한 상황인데 공장을 짓지 못할망정 1억 달러를 들여 미술관을 짓겠다는 계획을 이해하기 어려웠다. 게다가 미술관 건축의 기준이 문화적 전통보다 창의적 디자인이어야 하고 미국 구겐하임 재단의 영구 컬렉션을 전시하는 것이라고 알려지자 반대의 목소리가 더 거세졌다.

빌바오는 바스크족이 대부분 거주하는 바스크주의 주도다. 스페인 사람들과 인종과 문화가 다른 바스크족은 스페인 정부가 중앙집권 정책을 강행했을 때 맞서서 격렬하게 분리 독립운동을 했을 만큼 자민족의 문화에 대한 자긍심이 높고 민족주의적 성향이 강하다. 시의 예산으로 빌바오를 상징할 건물에 바스크 문화의 정체성을 담지 않는다는 사실을 쉽게 받아들일 리가 없었다. 시민들이 문화 종속을 우려한 것은 매우 자연스러웠다. 하지만 시 정부도 쉽게 포기하지 않았다. 공장이 아닌 미술관을 짓는 이유와 지속가능한 도시의 비전을 끈질기게 설명했다. 또 한편으로 지역에서 번 돈을 지역사회에 투자하는 전통을 유지해온 바스크 기업들의 재정적 협조를 유도함으로써 결국 시민들의 동의를 받아냈다.

빌바오 구겐하임 미술관의 설계는 프리츠커 상을 수상한 세계적인 건축가 프랭크 게리가 맡았다. 프랭크 게리는 당시 스타 건축가였다. 그에게 빌바오 구겐하임 미술관은 명실공히 '천재 건축가'라는 수식어를 선사해준 기념비적인 작품이다.

금빛 티타늄의 건축이 예술작품이 되다

'물고기인가? 꽃인가?'

빌바오 네르비온 강변의 구겐하임 미술관은 보는 이의 상상력에 따라 형상이 달라 보인다. 어찌 보면 금빛 비늘이 덮인 여러 마리의 물고기들이 강변으로 올라와 꿈틀거리는 듯한 모습이다. 다시 보면 커다란 꽃이 피어나는 듯한 형상이다. 금속 특유의 차가운 느낌이 긴장감을 주면서 동시에 우아하게 굽이치는 선은 부드럽기 그지없다.

빌바오는 창의적이고 세련된 현대건축물이 많기로 소문난 곳이

공중에서 본 미술관 | 구겐하임 미술관은 보는 이의 상상력에 따라 물고기가 꿈틀거리는 듯한 모습으로도, 커다란 꽃이 피어나는 듯한 형상으로도 보인다.

다. 그 가운데 주인공은 누가 뭐래도 구겐하임 미술관이다. 오늘의 빌바오를 상징하며 세계 여러 나라의 도시재생 프로젝트의 모델이 되는 건축 아이콘이다. 이 특별한 건축물은 대칭도, 비례도, 균형도 무시한 듯 생소한 형태이나 어느 방향에서 봐도 신선하고 역동적이다. 건물 전체를 감싸고 있는 티타늄 금속 패널들은 맑은 날이든 흐린 날이든 변함없이 은은하고 아름다운 빛을 낸다.

　구겐하임 미술관은 건축가의 상상력과 기술이 만나 예술이 된 건축이다. 1991년 설계를 의뢰받은 프랭크 게리는 직선과 네모로 상상되는 공공건물의 고정관념을 깨는 디자인을 상상했다. 오래전 그가 직접 밝힌 디자인의 모티프는 물고기다. 그는 물고기의 비늘

디자인 모티프 | 물고기의 비늘과 곡선에서 출발한 상상력을 실제 건축물로 구현하기 위해 티타늄이 사용되었다.

과 곡선에서 출발한 상상력을 실제 건축물로 구현하기 위해 특별한 소재를 찾는 데 무척 공을 들였다.

비가 많이 오고 흐린 날이 많은 빌바오의 날씨를 고려해 일찌감치 금속의 외피 소재를 생각했다. 처음엔 스테인리스 스틸을 고려했지만 기술적으로 적합하지 않아 한참을 고민해야 했다. 어느 날 우연히 사무실에서 티타늄 조각을 발견하고는 유레카를 외쳤다고 한다.

티타늄은 습도에 강하고 비가 오는 날에도 빛이 죽지 않는 특성이 있다. 게다가 곡선을 표현하기도 적합했다. 하지만 디자인을 충실하게 표현할 만큼 견고한 티타늄을 구하기는 쉽지 않았다. 프랭크 게리는 원하는 수준의 티타늄을 만들기 위해 무려 2년 동안 생

미술관 입면 | 울퉁불퉁한 티타늄 패널은 빛을 서로 반사시키기 위한 것으로 꿈틀거리는 듯 역동적인 느낌을 연출하고 있다.

산 공장과 씨름을 해야만 했다. 그렇게 만든 3밀리미터 두께의 비늘 모양 티타늄 패널 3만 3,000개를 사용해 구겐하임 미술관 외벽의 금빛을 완벽하게 구현했다. 이 얇은 티타늄 외벽은 100년 이상 지속할 수 있을 정도로 견고함을 자랑한다.

　미술관의 유려한 곡선을 설계하는 데는 프랑스 항공우주 기업 다소Dassault Systèmes가 개발한 카티아CATIA가 사용됐다. 카티아는 비행기 제작에 사용되는 3차원 설계 프로그램이다. 프랭크 게리는 카티아를 활용해 평면설계로는 표현하기 어려운 디자인을 3D 모델로 만들었고 이를 시공에도 적용했다. 그는 집요하게 원하는 건축 소재를 기어코 만들어냈고 첨단 기술을 적극적으로 활용하는 실험적인 시도를 했다.

프랭크 게리의 상상이 현실로 구현된 미술관을 감상하기 위해선 먼저 강 건너 조금 떨어진 위치에서 충분히 감상해야 한다. 그다음엔 건물 주변을 따라 천천히 걸으며 외벽을 가까이 봐야 한다. 조각조각 이어진 티타늄 패널은 자세히 보면 모두 찌그러져 있다. 건축가의 계산된 의도다. 울퉁불퉁한 평면은 빛을 서로 다른 각도로 반사시키기 위한 것이다. 어느 각도에서 봐도 빛을 잃지 않고 마치 꿈틀거리는 듯 역동적인 느낌을 연출하고 있다.

빌바오 효과의 진짜 힘은 감동적인 스토리다

감탄사가 절로 터져 나오는 외관 못지않게 내부 공간도 미술관의 고정관념을 여지없이 깨뜨린다. 입구로 들어서면 바로 아트리움이다. 55미터 높이의 천장과 유리 벽면을 통해 쏟아져 들어오는 빛이 공간을 가득 채워 밝은 분위기인데 거대한 크기와 공간의 구조로 인해 첫인상은 웅장하다.

아트리움을 중심으로 3개 층에 총 19개의 갤러리가 있다. 구겐하임 미술관의 외관을 보면 짐작하겠지만 갤러리 공간도 똑같은 모양이 아니다. 10개의 갤러리는 미술관 입구 쪽 석회암을 사용해

아트리움 | 55미터 높이의 천장과 유리 벽면을 통해 들어오는 빛으로 분위기는 밝고 거대한 크기의 공간 구조로 인해 첫인상은 웅장하다.

네모반듯하게 지은 부분에 위치한다. 이곳의 갤러리들은 역시 전형적인 전시실의 사각형 공간이다. 하지만 9개의 갤러리는 티타늄으로 마감된 곡선이 그려낸 비정형적 공간 안에 위치한다. 외관의 모양에 따라 천장 모양도, 방의 크기도 제각각이다. 이중 가장 큰 갤러리는 길이가 약 130미터에 달하고 벽체와 천장이 모두 비대칭 곡면이다. 안에 들어서면 과연 현대 전위예술과 설치미술 작품을 위한 맞춤형 공간답다는 생각이 든다.

비정형적 공간의 갤러리 중 가장 큰 공간에는 미국의 조각가 리

갤러리 내부 | 총 19개 중 9개의 갤러리는 티타늄으로 마감된 곡선이 그려낸 비정형적 공간 안에 위치하며 현대미술 작품을 위한 맞춤형 공간이 되었다.

처드 세라Richard Serra의 작품이 영구 전시돼 있다. 프랭크 게리는 이 공간을 "리처드 세라의 150피트짜리 금속성 뱀에게도 주눅이 들지 않을 만큼 힘이 넘쳐납니다."라고 평가했다.

구겐하임 미술관을 '예술이 된 건축'이라고 말하지만 창의성과 예술성만으로 아이콘 건축이 된 것은 아니다. 하나의 건축이 상징이 되고 세계적 영향력을 갖기 위해서는 스토리가 있어야 한다. 솔직히 구겐하임 미술관에서 느끼는 경외심의 밑자락엔 '황폐한 광산 도시'로 불렸을 만큼 희망이 없던 도시를 살려냈고 사람들의 삶을 바꾼 스토리에 대한 감동이 깔려 있다.

미술관을 설계한 프랭크 게리가 직접 말했듯이 건물 한 개가 지역의 운명을 바꿀 수는 없다. 문화, 생활, 상업 시설, 공항, 자연환경 등 종합적 개발 전략과 도시의 비전이 없다면 건축물 하나로 도시의 경쟁력을 끌어올리고 경제적 이익을 창출하는 '빌바오 효과'는 불가능하다. 하지만 빌바오 효과라는 용어가 생겨날 만큼 대외적으로 큰 영향력을 발휘하는 데는 구겐하임 미술관과 같은 주인공의 역할이 매우 중요하다. 드라마가 성공하려면 시나리오가 훌륭해야 하지만 관객의 마음을 사로잡으려면 주인공의 카리스마가 필요한 것과 같은 이치다.

수십 년, 수백 년이 흘러도 방문자들과 나눌 스토리를 가진 건축물이 세상에 과연 얼마나 될까? 이런 이유로 구겐하임 미술관은 세대를 넘어 오랫동안 사랑을 받을 수 있으리라는 생각이 든다.

세계 건축가들의 흔적을 찾아 산책하며 머무르다

구겐하임 미술관은 문화산업으로 도시를 살리겠다는 시 정부의 기대를 뛰어넘는 효과를 낳았다. 미술관을 유치할 때만 해도 연 45만 명 정도의 관람객이 목표였지만 1997년 개관 후 1년 동안 무려 135만 명이 구겐하임 미술관을 찾았다. 지금까지 누적 관객은 2,000만 명에 달하며 여전히 해마다 100만 명 이상이 이곳을 찾는다. 빌바오시는 엄청난 건축 비용을 감당하기 위해 진 빚을 개관한 지 불과 3년 만에 회수했으며 호텔과 컨벤션 등 관련 산업이 발전하면서 일자리도 증가했다. 구겐하임 미술관 측은 이 기간 약 4억 달러의 경제효과를 거뒀다고 밝혀 세계를 놀라게 했다.

빌바오를 방문한 사람들은 이 도시를 '예정보다 더 오래 머무르게 되는 곳'이라고 입을 모은다. 나 역시 빌바오를 떠나려니 발이 떨어지지 않아 꼬박 사흘 동안 이곳에 머물렀다. 처음엔 누구나 구겐하임 미술관을 보기 위해 찾는다. 하지만 도시 안으로 깊숙하게 들어가면 구겐하임 미술관이 빌바오의 전부가 아니라는 사실을 알고 깜짝 놀라게 된다.

빌바오 공항은 날개를 펼친 새의 형상을 닮았고 네르비온 강의 부리주리 다리는 조형미가 일품이다. 모두 스페인의 대표 건축가 산티아고 칼라트라바Santiago Calatrava가 설계한 것이다. 무심히 도심을 거닐다 마주친 지하철 입구의 독특한 캐노피는 영국의 건축가 노먼 포스터Norman Foster의 작품이다. 일본의 건축가 이소자키 아라타磯崎新가 디자인한 쌍둥이 빌딩도 반가움을 더한다. 그뿐만이 아니다. 빌바오 도시재생 프로젝트에는 세자르 펠리Cesar Pelli, 라파엘

빌바오 공항 | 날개를 펼친 새의 형상을 닮은 빌바오 공항은 스페인의 대표 건축가 산티아고 칼라트라바의 작품이다.

빌바오 도시재생 프로젝트 | 산티아고 칼라트라바의 부리주리 다리와 이소자키 아라타의 쌍둥이 빌딩 등 도시 곳곳에서 스타 건축가의 흔적을 찾을 수 있다.

4장 건축, 눈물을 씻어주고 희망을 품게 하다

모네오Rafael Moneo, 자하 하디드Zaha Hadid 등 스타 건축가들이 참여했다. 도시 곳곳에서 이들의 흔적을 찾는 재미가 쏠쏠하다.

도시를 산책하는 것만으로도 지루할 틈이 없다. 빌바오는 현대 건축의 아름다움을 일상에서 누릴 수 있는 흔치 않은 도시다. 재능 있는 건축가들의 창의적인 디자인으로 탄생한 건물들이 랜드마크나 아이콘 건축에 머물지 않고 아파트나 동네의 작은 공공 시설로서 시민들의 생활 공간이 되는 모습이야말로 문화 도시의 참모습이 아닐까.

빌바오에서 보낸 사흘은 구겐하임 미술관의 아름다움에 취하고 도시를 바꾸는 건축의 힘에 감탄했던 기억으로 꼼꼼하게 채워졌다. 빌바오를 떠난 후 지난 기억을 떠올릴 때마다 불쑥불쑥 질투심이 솟아올라 당황스럽다. 충분히 행복했던 시간 내내 감춰두었던 부러움이 꽤 컸던 모양이다.

프랭크 게리

미국을 대표하는 건축가 프랭크 게리는 세계에서 가장 저명한 건축가 중 한 명이다. 1929년 캐나다에서 태어나 16세 때 미국으로 이주해 1954년 미국 USC 대학교에서 건축학부를 졸업했고 하버드 대학교에서 도시계획 석사를 취득했다. 1962년 로스앤젤레스에 사무실을 설립하고 건축가로 활동을 시작했으며 1989년 프리츠커 상을 받았다.

프랭크 게리는 사물을 관습적으로 보지 않고 자유롭게 사고하는 건축가다. 설계 과정에서 미리 아이디어를 놓고 구체적인 형상을

프랑스 파리의 루이비통 재단 미술관

만드는 대신 시간이 지남에 따라 계속 진화하는 방법으로 설계를 완성한다. 하나의 프로젝트마다 20~30개의 모델을 만드는 것으로 유명하다.

그가 뛰어난 건축가라는 사실을 부정하는 사람은 거의 없다. 하지만 건축계의 평가는 꽤 극단적으로 갈린다. 한편에서는 그가 자유로운 상상력과 대범한 실험정신으로 고정관념의 틀을 깬다고 환호하며 천재적인 예술가로 평가한다. 다른 한편에서는 도시의 맥락을 무시하고 주변의 건축물과 소통하지 않는다며 오만하다고 비판한다. 그의 작품을 정형화된 프레임에서 보면 무질서하다고 느

체코 프라하의 댄싱하우스

낄 수도 있다. 그러나 직접 보면 독특한 외관에서 풍기는 카리스마에도 불구하고 주변 풍경과 잘 조화된 모습을 발견하게 된다.

프랭크 게리의 대표작 빌바오 구겐하임 미술관은 튈 수밖에 없는 모습이지만 강과 공원으로 분리된 곳에 있어 주변과 조화를 깨지 않는다. 2014년 완공한 프랑스 파리의 루이비통 재단 미술관도 파리의 숲 한가운데 지어져 도시의 풍경을 해치지 않으면서도 유려한 곡선의 건축미를 유감없이 보여준다. 비틀리고 찌그러진 형상으로 기괴한 상상력이 돋보이는 체코 프라하의 댄싱하우스Tančící dům

미국 로스앤젤레스의 월트 디즈니 콘서트홀

도 도로의 코너에 위치해 한 블록 내의 다른 건물들을 무시할 만큼 홀로 두드러지지 않는다. 이런 특징은 미국 로스앤젤레스의 월트 디즈니 콘서트홀과 독일 바일 암 라인의 비트라 디자인 박물관Vitra Design Museum 등 프랭크 게리의 건축에서 공통으로 찾을 수 있다.

프랭크 게리는 언제나 건축주의 요구에 충실한 건축을 지향하는 건축가다. 건축계 최초로 3D 설계 모델과 시공도를 만들고 경제적 부담을 줄이는 건축 자재를 고민하는 배경에는 창의적 실험만이 아니라 건축주를 위한 경제적 실용성을 배려하는 마음이 담겨 있다.

그의 작품은 흔히 피카소와 비교된다. 피카소는 그림을 평면적으로 그리지 않고 분해해 재해석했다. 프랭크 게리도 면을 분할하고 해체해 다시 조합하는 방식으로 전체 건물을 완성한다. 건축 사조에서는 이를 해체주의라고 한다. 따라서 프랭크 게리를 해체주의* 건축가로 구분한다. 그러나 정작 프랭크 게리는 자신을 해체주의자라고 인정하지 않는다. 자유롭고 틀을 깨는 사고의 소유자인 프랭크 게리가 자신의 건축을 특정 사조의 틀 안으로 넣어 해석하는 것을 경계하는 것은 어쩌면 자연스러운 반응이 아닐까. 그가 해체주의자이든 아니든 건축계가 자유롭게 창작의 영역을 확장해나가는 계기를 제공한 것은 분명하다.

---

* 부록- 해체주의 건축 참고

독일 바일 암 라인의 비트라 디자인 박물관

| 스웨덴 말뫼 |

터닝 토르소

: 말뫼의 눈물을 씻고 도시의 자부심을 심다

터닝 토르소Turning Torso는 친환경 도시의 교과서로 불리는 스웨덴 말뫼의 상징이다. 세계적 건축가 산티아고 칼라트라바Santiago Calatrava가 설계했는데 스칸디나비아 지역에서 가장 높은 고층 빌딩이다.
말뫼는 과거 조선산업의 중심지로 경제적 풍요를 누렸던 곳이다. 1990년대 세계 최고의 코쿰스Kockums 조선소가 경쟁력을 잃고 문을 닫으면서 함께 쇠락의 길을 걸었다. 이후 스웨덴은 중공업 도시에서 친환경, IT 중심 도시로 변화를 위한 도시 재생 프로젝트를 가동했다. 21세기 새로운 말뫼를 상징하기 위한 건축물로서 2005년 터닝 토르소를 건축했다. 복합주거빌딩으로 지어진 터닝 토르소는 지역의 재생에너지를 100% 사용하는 지속가능한 건축물이며 첨단의 구조 기술을 통해 빼어난 구조미를 완성해 세계의 찬사를 받았다. 도시재생의 아이콘이 된 터닝 토르소는 지속가능한 건축의 상징이다.

소재지: 스웨덴 말뫼
건축가: 산티아고 칼라트라바
완공: 2005년

　스웨덴은 젊은 세대에겐 가구 브랜드 이케아의 나라로 알려졌고 나이가 좀 있는 세대에겐 팝그룹 아바의 나라로 알려진 북부 유럽 국가다. 그리고 스웨덴에는 세계에서 가장 성공한 친환경 도시로 꼽히는 말뫼Malmö가 있다. 친환경 도시 개발 프로젝트의 교과서이자 상징인 말뫼를 비롯하여 스웨덴의 환경정책은 세계적으로 유명하다.

　스웨덴 남쪽의 작은 항구 도시 말뫼는 덴마크의 수도 코펜하겐과 외레순Øresund 해협을 두고 마주 보는 위치에 있다. 두 도시를 외레순 대교가 연결하고 있다. 덴마크에서 자동차로 20분이면 오갈 수 있어서 유럽 여행 중 하루 정도 짬을 내 돌아보는 여행지로도 인기가 높다.

　덴마크를 벗어나 다리를 건너 말뫼로 들어설 때 가장 먼저 눈에 띄는 것은 우거진 숲이다. 과연 세계적인 친환경 도시 말뫼의 첫인상답다. 건축 여행을 하는 관점에서 설명하자면 말뫼는 그냥 친환경 도시가 아니라 '친환경 건축'의 도시다. 말뫼의 친환경 건축 프로젝트를 대표하는 곳은 베스트라함넨Västra Hamnen 지구다. 이곳의 건축물들은 모두 공모전을 통해 당선된 디자인으로 지어졌다. 따라서 같은 모습의 건물을 찾기도 어렵고 컬러풀한 색상의 주택들이 만들어내는 풍경은 무척 다채롭다. 이곳에서 사진을 찍느라 분주한 여행자들을 발견하는 건 어렵지 않은 일이다.

베스트라함넨 지구의 건축물들은 모두 친환경 시스템으로 설계됐다. 각 가정에 음식물 쓰레기 분쇄기와 파이프를 설치해 음식물 쓰레기를 모아 지역의 바이오 가스 공장으로 보낸다. 말뫼의 자동차들은 이렇게 생산된 바이오 가스를 연료로 사용하기 때문에 매연을 뿜어내지 않는다. 말뫼에는 세계 최초의 자전거 전용 아파트도 있다. 자동차를 이용하지 않아도 생활의 불편함을 느끼지 않도록 자전거 이용에 최적화된 설계로 짓는 아파트는 2016년 계획을 발표할 때부터 세계의 주목을 받았다.

말뫼의 친환경 건축물 중 최고의 스타는 바로 주상복합빌딩 터닝 토르소Turning Torso다. 스칸디나비아에서 가장 높은 건물이자 유럽에서는 영국의 더 샤드에 이어 두 번째로 높다. 스페인의 세계적 건축가 산티아고 칼라트라바Santiago Calatrava가 디자인한 터닝 토르소는 친환경적이고 미래적인 도시 말뫼의 이미지를 세계에 알리는 데 결정적인 역할을 했다. 2005년 완공된 해에 산티아고 칼라트라바는 미국건축가협회AIA에서 금메달을 받았고 뉴욕박물관은 터닝 토르소를 '가장 뛰어난 경관을 지닌 25개 건물' 중 하나로 선정하기도 했다.

터닝 토르소 외관 | 스칸디나비아에서 가장 높은 건물이자 친환경적이고 미래적인 도시 말뫼의 이미지를 세계에 알리는 데 결정적인 역할을 했다.

미래적인 도시 이미지를 만들다

울산 현대중공업 미포조선소에는 어마어마하게 큰 중장비 골리앗 크레인이 있다. '현대HYUNDAI'라고 또렷하게 이름이 적혀 있는 골리앗 크레인은 미포조선소의 얼굴이며 동시에 울산의 조선업을 상징한다. 이 골리앗 크레인은 원래 말뫼의 코쿰스 조선소에 있던 것을 2002년 현대중공업이 단돈 1달러에 사 온 것이다.

1970년대 세계 최고의 조선소는 말뫼의 코쿰스 조선소였다. 덕분에 말뫼는 스웨덴에서도 경제적으로 부유한 도시에 속했다. 하지만 한국이 국제 조선업계의 최강자로 부상하면서 경쟁에서 밀린 코쿰스 조선소는 결국 문을 닫게 됐다. 13세기 도시가 생긴 이래 말뫼는 줄곧 해운업의 중심지였고, 시민들은 코쿰스의 골리앗 크레인을 말뫼의 상징으로 여겼다. 스웨덴 국영방송은 골리앗 크레

말뫼의 코쿰스 조선소 | 1970년대 세계 최고의 조선소였던 코쿰스의 골리앗 크레인이 1달러에 팔리며 '말뫼의 눈물'이라는 별명이 생겼다.

인이 1달러에 팔려 한국으로 떠나는 장면을 장송곡과 함께 생중계했다. 말뫼의 시민들은 눈물을 흘렸다. 그날 골리앗 크레인에는 '말뫼의 눈물'이라는 별명이 생겼다.

말뫼는 코쿰스 조선소가 문을 닫자 위기에 봉착했다. 실업률이 치솟았고 약 3만 명에 이르는 근로자들이 떠났다. 스웨덴 정부는 망해가는 도시 말뫼를 살리기 위해 '내일의 도시'로 알려진 Bo01 프로젝트를 마련했다. 전통적인 공업 도시의 인프라를 이용해 다른 제조산업을 유치하는 대신 지속가능한 친환경 도시를 만들자는 게 주요 내용이다. 말뫼 시 정부는 IT 등 첨단 산업 분야의 인재들이 찾아와 정착할 수 있도록 과감하게 도시의 공간을 내어주는 도시재생 사업을 추진했다. 코쿰스 조선소 자리에는 친환경 생태주거단지 베스트라함넨을 조성했다. 말뫼의 상징이었던 골리앗 크레인이 있던 바로 그 자리에 새로운 말뫼의 상징 터닝 토르소를 지었다.

터닝 토르소는 친환경 복합주거빌딩이다. 시 정부는 터닝 토르

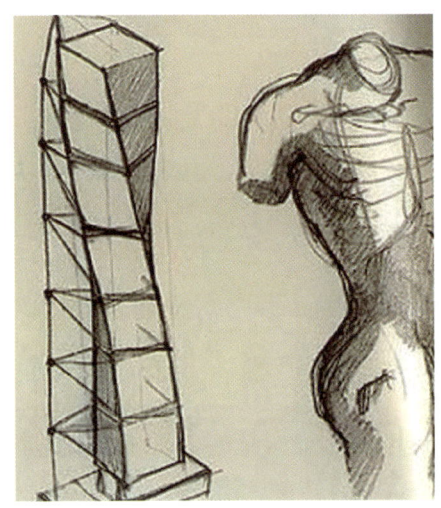

디자인 모티프 | 산티아고 칼라트라바는 자신의 조각품 '뒤틀린 상체'에서 영감을 얻어 디자인을 완성했다.

소 건축 계획에 스웨덴 주택협동조합 '호에스베HSB'를 개발 주체로 참여시켰다. 호에스베는 조합원들이 더 나은 주택을 더 싼 가격으로 장만할 수 있도록 지원함으로써 안정된 삶을 누리게 하는 것을 목적으로 설립된 비영리 단체다. 호에스베는 '좋은 건축가가 좋은 자재를 사용해 아름다운 집을 지어야 한다'는 조합의 원칙에 따라 단순한 주거 기능의 건물이 아닌 독특한 디자인을 원했다. 그래서 처음부터 세계적 건축가들만 대상으로 디자인을 심사했고 산티아고 칼라트라바가 최종 선정됐다. 그의 건축 세계에 매혹된 호에스베 심사위원단이 산티아고 칼라트라바에게 요구한 조건은 단 하나 '당신만의 해석 방식으로 새로운 건축물을 디자인해주십시오.'라는 거였다. 이에 부응해 산티아고 칼라트라바는 자신의 조각품 '뒤틀린 상체Twisting Torso'에서 영감을 얻어 남자의 상반신이 90도로 돌아간 형상의 터닝 토르소 디자인을 완성했다.

입면 디자인 | 한 개의 큐브는 5개 층으로 이루어져 있고 층마다 1.6도씩 회전하면서 상승하는데 최상층에 이르면 90도가 뒤틀린 형상이다.

외벽 철골 프레임 | 빌딩의 비틀림을 잡기 위한 보강재이지만 전체 디자인과 조화를 이루었다.

사각형 빌딩의 고정관념을 벗어나다

지상 54층에 높이 190미터에 달하는 터닝 토르소는 9개의 입방체 큐브를 조금씩 비틀면서 차곡차곡 쌓아 올린 모습이다. 한 개의 큐브는 5개 층으로 이루어져 있고 층마다 1.6도씩 회전하면서 상승하는데 최상층에 이르면 90도가 뒤틀린 형상이다. 터닝 토르소라는 이름 그대로 사람의 척추를 중심으로 상체를 트는 동작을 연상하게 한다. 정지돼 있지만 마치 움직이는 듯한 형태감 때문에 역동적인 에너지와 긴장감이 느껴진다. 외벽의 흰색 철골 프레임은 빌딩의 비틀림을 잡기 위한 보강재로 설치된 것이다. 하지만 전체 디자인에서 튀지 않고 조화를 이루어 아름다운 자태를 완성했다.

산티아고 칼라트라바는 터닝 토르소의 디자인에 대해 "성냥갑 모양의 건물 디자인에서 탈피하고 싶었습니다."라고 밝혔다. 그의 디자인은 사각형 빌딩의 고정관념에서 벗어나는 것을 넘어 고층 건물의 디자인 경쟁 시대를 상징하게 됐다. 최근 도시 트렌드는 랜드마크와 상징적 건축을 원하고 있고 빌딩의 높이 경쟁도 치열하다. 터닝 토르소는 바로 그 고층 빌딩의 경쟁력이 '디자인'으로 변화해가는 건축계의 새로운 흐름을 주도한 주인공이다.

터닝 토르소의 9개 큐브 중 아래 2개의 큐브는 업무 공간이고 그 외에는 모두 주민의 주거 공간이다. 3번째 큐브부터 최상부까지 연면적 1만 3,500제곱미터의 공간에 147채의 아파트가 있다. 비틀린 외부의 형태로 인해 층마다 조금씩 다른 방향으로 바다를 조망하게 된다. 어느 층에서든 탁 트인 시야가 확보된다. 이는 말뫼 시가 터닝 토르소의 상징성을 훼손하지 않기 위해 주변 건축물의 높이를 제한한 덕분이다. 오른쪽으로 비스듬히 기울어진 커다

터닝 토르소의 '명상의 방' | 오른쪽으로 비스듬히 기울어진 커다란 창은 실내 공간을 평범하지 않게 만드는 요소다.

문 손잡이 | 내부 공간의 장식물과 액세서리도 직접 설계하고 가구, 욕실, 수전 등 물품을 별도로 디자인해서 주문 제작했다.

란 창은 실내 공간을 평범하지 않게 만드는 요소다. 사선의 창이 혹시 안정감을 해치지 않을까 걱정도 되지만 실내에서는 외벽이 비틀어져 있다는 것을 거의 느낄 수 없다고 한다. 산티아고 칼라트라바는 내부 공간의 장식물과 액세서리도 직접 설계했다. 가구, 욕실, 수전 등 물품을 별도로 디자인해서 주문 제작을 했다.

터닝 토르소는 말뫼에서 가장 인기가 있는 명소이지만 내부 공간을 자유롭게 볼 수는 없다. 개인 주거와 업무 공간이므로 사전에 방문 허락을 받아야만 들어갈 수 있다. 다행히 터닝 토르소 주변에는 높은 빌딩이 없어서 인근 지역 어디에서나 멋진 빌딩의 모습을 감상하는 데 어려움은 없다.

친환경 도시와 지속가능한 미래의 상징이 되다

"터닝 토르소는 구조적 표현주의가 축소된 형태입니다."

건축 전문가들의 평가를 좀 쉽게 풀어보자면 '불안정하고 동적인 느낌'을 강조하고 '자유로운 곡선'을 표현하는 경향 정도로 이해할 수 있다. 터닝 토르소는 불안정하고 동적이고 자유롭다.

터닝 토르소의 외관은 유리와 알루미늄의 커튼월로 이루어져 있다. 1층 출입구 주위의 원형 외벽은 전면 유리가 사용됐다. 2,800개 패널과 2,500개의 창이 있는 외벽의 곡면은 알루미늄을 썼고 평면은 유리를 썼다. 주요 외장재인 유리와 알루미늄은 모두 재

첨단 친환경 기술의 집약체 | 주요 외장재 모두 재활용이 가능하며 지역의 재생에너지를 100% 사용하는 동시에 재생에너지를 생산한다.

활용이 가능한 소재이며 조명 시스템은 에너지 효율이 높은 LED만을 사용했다. 무엇보다 이 거대한 빌딩은 지역의 재생에너지를 100% 사용한다. 말뫼의 해상풍력발전단지 릴그룬드에서 생산하는 재생에너지와 태양열 에너지가 지역 시스템을 통해 터닝 토르소에 공급된다. 동시에 터닝 토르소의 주민들이 내보내는 쓰레기는 다시 말뫼의 열병합 발전소로 보내져 바이오 가스를 생산한다. 재생에너지만 사용하고 더불어 재생에너지를 생산하는 첨단 친환경 기술이 총동원된 것이다.

고층의 터닝 토르소는 북유럽의 강한 바닷바람을 견뎌내기 위해 강화 콘크리트 코어를 중심으로 지어졌다. 나선형 외벽도 강한 바람의 저항을 줄이기 위한 것으로 바람이 외벽의 골을 타고 자연스럽게 옆이나 위로 흐르도록 했다. 건축가이자 조각가이며 구조 엔지니어인 산티아고 칼라트라바는 자신의 미적 감각을 첨단 구조 기술로 풀어냈고 아름다운 터닝 토르소를 완성해냈다.

말뫼는 스웨덴의 도시지만 입지적으로 가까운 덴마크와 하나의 생활권으로 인식된다. 물가가 비싼 코펜하겐에서는 일만 하고 말뫼에서 사는 사람들이 많다. 내일의 도시 프로젝트로 첨단 IT 기업을 유치했다. 세계에서 가장 앞선 신재생에너지 도시로 재탄생하면서 관련 분야 기업들이 속속 유입된 덕분에 말뫼는 6만 개가 넘는 일자리를 새로 만들었다. 과거 조선업으로 부유했던 시절보다 인구가 더 증가했으며 인구 평균연령이 36세에 불과한 젊은 도시가 됐다.

도시는 건축의 집합이다. 각각의 건축물이 도시에 불어넣는 힘은 실로 대단하다. 친환경 건축의 도시 말뫼의 아이콘 터닝 토르소는 말뫼의 시민뿐만 아니라 타국의 방문자들에게도 지속가능한 도시와 건축에 대한 깊은 사색의 기회를 제공한다. 말뫼의 바닷가에 서서 지는 노을을 바라보니 '말뫼의 눈물'이 떠올랐다. 제조업으로 성장한 우리나라도 산업의 쇠락으로 어려움을 겪는 도시들이 하나둘 늘어가고 있다. 우리의 도시들은 어떻게 지속가능한 미래를 만들어갈 수 있을까? 도시의 사람들은 어떤 건축에 지속적인 관심을 둬야 할까? 우리보다 앞서서 울었고 또 그 눈물을 극복해낸 말뫼의 스토리를 먼 나라의 이야기로만 받아들일 수가 없다. 고고한 자태를 뽐내며 서 있는 터닝 토르소에서 말뫼의 되찾은 자존심을 확인하고 나니 그들의 집념과 선구안에 박수를 보내지 않을 수 없었다.

산티아고 칼라트라바

스페인의 건축가 산티아고 칼라트라바는 1951년 스페인 발렌시아의 외곽 지역에서 태어났다. 어릴 때 예술학교에 다녔고 발렌시아 고등건축기술학교에서 건축과 도시학을 전공했다. 졸업 후 스위스 취리히공과대학교에서 구조공학을 공부해 박사학위를 받았다. 1981년 취리히에 건축사무소를 열었다. 초기에는 주로 도서관 지붕 디자인, 개인 주택 발코니 디자인 같은 소규모 작업을 수행했다. 그러다 1984년 스페인 바르셀로나의 바크 데 로다 브리지Bac de Roda Bridge 프로젝트를 성공하며 세계적 명성을 얻기 시작했다.

산티아고 칼라트라바의 디자인은 사람과 자연의 조화가 주요 주제다. 하지만 다른 건축가들이 움직이지 않는 자연의 모습을 모티

스페인 바르셀로나의 바크 데 로다 브리지

프로 삼는 것과는 다르게 산티아고 칼라트라바는 살아 있는 자연을 디자인에 담아 역동적인 모습의 건축물을 구현한다. 그가 동적이며 자유로운 형태의 디자인을 할 수 있었던 것은 구조공학을 잘 알았기 때문이다. 이것이 산티아고 칼라트라바의 뛰어난 경쟁력이다. 사람들은 그를 구조설계의 마술사로 부르는데 작품을 보면 그가 구조설계에 대해 얼마나 해박한 지식을 가졌는지 자연스럽게 깨닫게 된다.

그는 2001년 미국 위스콘신주 밀워키미술관Milwaukee Art Museum의 쾌드라치 파빌리온Quadracci Pavilion 설계에서 자유롭게 하늘을 나는 새와 미시간 호수 위에 떠 있는 요트를 형상화했다. 그의 구조체는 건물의 외형을 결정하는 뼈대일 뿐만 아니라 아름다움을 완성하는 디자인적 요소로서 절묘한 힘의 균형을 보여준다.

미국 위스콘신주의 밀워키미술관의 콰드라치 파빌리온

2016년 완공된 미국 뉴욕의 세계무역센터 환승 역사 오큘러스Oculus도 날아갈 듯 날개를 편 새의 형상을 거대한 구조물로 표현하고 있다. 지상에 노출된 오큘러스의 주 뼈대와 날개 래프터는 모두 구조용 강재를 사용했는데 '중력을 거부하는 건축물'이라는 말이 나올 정도다. 첨단 구조 기술이 아니었다면 날렵한 외형의 디자인은 결코 구현되지 못했을 것이다. 기술이 바탕이 된 뛰어난 구조미는 주요 작품인 프랑스 리옹의 생텍쥐페리 공항 테제베TGV 역사, 스페인 발렌시아의 레이나 소피아 예술궁전Palau del les Arts Reina Sofia과 과학예술단지CAC 등에서도 공통으로 발견된다.

그는 복잡한 설계로 비판적 평가를 받기도 하지만 상징성이 강해서 여전히 사랑받고 있다. 산티아고 칼라트라바는 1987년 오귀스트 페레 UIA상을 시작으로 1992년 구조 기술 분야에서 수여하는 황금 메달을 비롯해 2005년 미국건축가협회 금메달 등을 수상했다.

미국 뉴욕의 세계무역센터 환승역사 오큘러스

프랑스 리옹의 생텍쥐페리 공항 테제베 역사

스페인 발렌시아의 레이나 소피아 예술궁전

스페인 발렌시아의 과학예술단지

4장 건축, 눈물을 씻어주고 희망을 품게 하다

| 싱가포르 마리나 베이 |

마리나 베이 샌즈

: 꿈의 건축으로 세계적 명소로 만들다

도심형 복합리조트 마리나 베이 샌즈Marina Bay Sands는 싱가포르의 주요 산업이었던 금융산업과 해운산업에서 새로운 관광서비스 분야로 확장해 경제 재도약의 기반을 다지려는 '미래 경제의 촉매제'로서 기획됐다. 최고급 호텔, 대형 컨벤션센터, 초대형 카지노, 쇼핑몰 등 생활문화 공간으로 구성된 마리나 베이 샌즈를 설계한 건축가는 캐나다의 모셰 사프디Moshe Safdie다.

마리나 베이 샌즈는 불가능에 가까운 시공기술로 건축가의 창의적 상상력을 현실로 만든 꿈의 건축물로 불린다. 땅이 부족한 싱가포르의 바다를 매립한 부지에 세워진 마리나 베이 샌즈는 싱가포르를 아시아의 관광 명소로 만들었고 경제 성장을 상징하는 아이콘이 됐다. 건설 사업 비용으로 무려 55억 달러가 들었지만 완공 4년 만에 투자 비용을 모두 회수했다. 연간 2,000만 명이 찾는 싱가포르 관광산업의 주역으로서 마리나 베이 샌즈는 도시 개발을 통해 경제성장을 꿈꾸는 전 세계 도시들의 성장 모델이다.

소재지: 싱가포르
건축가: 모셰 사프디
완공: 2010년

아시아의 보석 싱가포르의 옛 이름인 싱가푸라Singapura는 '사자의 도시'라는 뜻이다. 이 이름이 붙여진 건 13세기다. 말레이반도 남부와 인도네시아 수마트라섬과 자바섬 일대를 지배한 고대 해상 왕국 스리위자야Sriwijaya의 왕자가 항해 중 표류하다 가까스로 말레이반도 끝의 알려지지 않은 작은 섬에 도착했다. 그는 이곳에서 사자를 발견하곤 싱가푸라라고 명명했다고 한다. 전해지는 말로는 진짜 사자는 아니고 낯선 동물을 왕자가 사자로 오인한 것이라고 한다. 하여튼 작은 섬 싱가푸라는 굴곡진 세월을 지나 세계 무역의 허브이자 금융의 중심지이자 세계적 관광 도시가 됐다.

싱가포르는 작은 섬나라로서 도시가 곧 국가인 나라다. 영국 식민지 시절에 토마스 래플스Thomas Raffles라는 귀족이 싱가포르를 국제무역항으로 개발하면서 영국 식민지 개발의 첨병인 동인도 회사의 거점이 됐다. 이후 제국주의 시대가 끝나고 영국으로부터 독립하여 말레이시아 연방 소속이 되었다. 하지만 말레이 연방정부와 인종과 종교 갈등으로 대립을 반복하다가 결국 1965년 추방 형식으로 독립국가가 됐다.

국민소득 6만 달러의 부자 나라 싱가포르의 위상을 생각하면 말레이시아의 선택이 어리석게 느껴진다. 하지만 당시만 해도 싱가포르는 보잘것없는 작은 섬나라였다. 오죽하면 당시 세계 언론들이 싱가포르의 독립을 두고 '생존 자체가 어려울 것'이란 전망을 쏟아냈을까. 싱가포르는 작아도 너무 작은 국토, 부족한 자원, 나라를 유지할 만한 고정 수입이 없는 현실을 딛고 천혜의 입지를 활용해 물류와 금융산업을 중심으로 경제개발에 나섰고 동남아시아 최고의 부국이 됐다. 하지만 2000년대 들어서면서 경제의 성장 동력이 떨어지기 시작했다. 싱가포르 정부는 관광·서비스 산업을 신성장동력으로 주목하고 지원에 나섰다. 이렇다 할 유적 하나 없는 도시국가이지만 '아시아의 관광 명소'를 목표로 동남아시아 최초의 도심형 복합리조트 건설을 기획한 것이다. 이것이 바로 마리나 베이 샌즈다.

유적 하나 없이 건축만으로 관광산업 일으키다

싱가포르 창이공항에서 약 20분을 달리면 도시의 남쪽 끝 마리나 베이에 도착한다. 마리나 베이는 싱가포르의 중심업무지구이자 관광과 쇼핑의 중심지다. 이곳에 싱가포르를 상징하는 마리나 베이 샌즈가 있다.

5성급 호텔과 고급 레스토랑, 쇼핑몰, 초대형 카지노, 컨벤션센

마리나 베이 샌즈 외관 | 5성급 호텔과 고급 레스토랑, 쇼핑몰, 카지노, 컨벤션센터 등이 입점하여 한 건물 안에서 다양한 놀이, 휴식, 쇼핑, 그리고 비즈니스가 모두 가능하다.

터 등이 입점한 마리나 베이 샌즈는 마리나 베이의 랜드마크이자 세계적인 관광 명소다. 한 건물 안에서 다양한 놀이, 휴식, 쇼핑, 그리고 비즈니스가 모두 가능하다.

마리나 베이 샌즈가 들어선 지역은 원래 땅이 아니라 바다였다. 마리나 베이 지역 개발 계획을 세운 싱가포르 정부는 부족한 부지를 확보하기 위해 엄청난 예산을 들여 바다를 매립했다. 대규모 매립공사를 통해 57만 제곱미터의 부지를 조성하고 국제입찰을 통해 사업자를 선정했다. 미국의 카지노, 호텔, 리조트 전문 개발기업 라스베이거스샌즈가 엄청난 경쟁을 뚫고 행운을 거머쥐었다. 라스베이거스샌즈는 건축가 모셰 사프디Moshe Safdie에게 설계를 의뢰했다. 이스라엘 출신 캐나다 건축가 모셰 사프디는 고작 27세의 나이에 20세기의 대표적 건축물로 꼽히는 해비타트67Habitat67을 설계한 세계적 건축가다. 주거와 도시계획 분야에서 명성이 자자한 모셰 사프디는 2010년 마리나 베이 샌즈의 설계를 맡을 당시 70대의 노장이었다. 그는 이 작업을 통해 다시 한 번 세계의 주목을 받았고 건축의 상상력이 도시를 어떻게 바꿀 수 있는지를 보여주는 성공 사례를 만들었다.

마리나 베이 샌즈는 도시 개발과 경제 성장의 아이콘이다. 여러 국가가 앞다퉈 싱가포르의 도시 개발 프로젝트를 벤치마킹하고 있다. 우리나라 새만금 개발의 부제도 '한국형 마리나 베이 샌즈'다. 도시 개발 계획의 모델로서 마리나 베이 샌즈는 싱가포르 정부의 혁신적 사고를 상징한다. 지금은 싱가포르를 대표하는 건축물이지만 마리나 베이 샌즈를 건설하기까지 그 과정은 순탄치 않았다. 싱가포르 정부가 마리나 베이에 도심형 복합리조트를 건설하고 카지노 사업을 허가하자 종교, 사회단체가 거세게 반발했다. 그도 그럴 것이 싱가포르는 1965년 말레이연방에서 독립 후 줄곧 도박과 마약을 사회적 범죄로 규정해왔다. 이를 퇴치하기 위해 강력한 법을 시행해왔고 시민사회도 정부를 지지했다. 그런데 정부가 갑자기 도심 한가운데 대형 카지노 시설을 짓겠다니 반대하는 것이 오히려 자연스러웠다.

사회의 분위기가 심상치 않자 리콴유 전 싱가포르 총리가 직접 대화에 나섰다. 그는 "세계 경제의 흐름이 바뀐다면 우리도 반드시 그 자리에 있어야 합니다. 그리고 미래 아이들이 먹고사는 데 필요한 일입니다."라고 역설했고 "변화하지 않는다면 싱가포르는 다시 가난한 어촌 국가로 돌아가게 될 수도 있습니다."라는 말로 국민을 설득하는 데 성공했다.

누구도 상상하지 못했던 21세기 피사의 탑을 건설하다

"설계대로 지어질 줄 상상도 못 했다."

마리나 베이 샌즈의 건축가 모셰 사프디의 말이다. 2009년 마리나 베이 샌즈 상량식에서 모셰 사프디는 "판타스틱!"을 연발하며 감동을 숨기지 않았다. 건축가가 설계를 완성해도 시공 과정에서 기술적인 문제들로 인해 여러 차례 설계를 수정하는 일이 다반사다. 모셰 사프디 역시 만만치 않은 디자인을 제안했기에 설계 수정을 각오했다. 그가 "원래 디자인 콘셉트와 최종 결과물이 완벽하게 일치해 놀랐습니다."라고 소감을 밝혔을 정도로 마리나 베이 샌즈는 불가능에 가까운 시공기술을 필요로 했다.

2007년 마리나 베이 샌즈의 설계를 맡은 모셰 사프디는 건축주

ㅅ 형상의 측면 | 카드게임을 할 때 카드를 겹쳐 세워 섞은 모습에서 영감을 받아 카지노 리조트를 표현했다.

라스베이거스샌즈로부터 '사람들의 눈길을 한 번에 사로잡을 만한 디자인'을 요구받았다. 물론 모셰 사프디는 확실히 건축주의 요구를 충족하는 디자인을 내놨다. 거대한 3개의 타워가 커다란 배를 받치고 있는 형상은 독특하다 못해 신기하다는 생각이 든다. 타워의 옆면도 범상치 않은 디자인이다. 한글로는 ㅅ자 형상이고 한자로는 入(입)자 혹은 人(인)자 형상이다. 모셰 사프디는 카드게임을 할 때 카드를 겹쳐 세워 섞는 모습에서 영감을 받았다고 한다.

무역항 싱가포르와 카지노 리조트를 표현하는 멋진 디자인임에 틀림이 없었다. 그러나 모셰 사프디의 디자인을 두고 엄청난 우려와 비판이 쏟아졌다. 실제 건축이 가능하지 않다는 이유에서였다. 가장 난제는 52도로 기울어진 타워였다. 마리나 베이 샌즈는 지상에서 최고 52도 기울어져 올라가는 동쪽 건물이 지상 70미터에서 서쪽 건물과 연결된 후 55층까지 뻗어 올라가는 구조다. 외부 지지대도 없이 두 건물이 기대어 만나기까지 무너지지 않게 쌓아 올려야 했다. 쓰러지지 않고 서 있는 것 자체가 기적이라는 게 당시의 중론이었다. 세계 7대 불가사의 중 하나로 꼽히는 피사의 사탑의 기울기가 5.5도이다. 그 사실을 알면 모셰 사프디의 디자인에 쉽게 동의하기 어렵다.

게다가 3개의 타워는 다시 최상층의 스카이파크로 연결된다. 대형 수영장이 있는 스카이파크는 면적이 축구장 3개를 합친 것과 같은 1만 200제곱미터다. 이 정도 크기의 구조물을 최상층으로 올리는 것 자체가 세계 건축사에 남을 만한 일이다. 이런 이유로 라스베이거스샌즈의 셸던 애덜슨Sheldon Adelson 회장조차 모셰 사프

시공 중인 공사 현장 | 쌍용건설은 디자인을 그대로 실현하기 위해 새로운 시공기술을 제안했고, 완공 후 최고 난도의 공사를 해냈다는 찬사를 받았다.

니에게 "정신 나간 일"이라고 말했을 정도다. 하지만 모셰 샤디프는 주장을 꺾지 않았다. 대신 엔지니어링 회사 아이다스Aedas와 함께 디자인을 현실화하며 설계를 만들어갔다. 모셰 샤디프는 자신의 디자인을 그대로 실현하는 동시에 건축주의 요구에 따라 27개월 안에 공사를 끝낼 시공사를 찾아야 했다. 하지만 이 과정도 쉽지 않았다. 전 세계 14개 건설업체가 경쟁에 뛰어들었는데 시공기술의 문제로 스스로 포기한 업체가 숱했다.

이때 새로운 시공기술을 제안한 곳이 우리나라의 쌍용건설이다. 쌍용건설은 마리나 베이 샌즈를 완공한 후 현존하는 건축물 중 최고 난도의 공사를 해냈다는 찬사를 받았다. 나에게도 마리나 베이 샌즈는 무척 특별한 건축물이다. 이 엄청난 공사의 프로젝트 매니지

스카이파크 | 3개의 타워는 최상층의 스카이파크로 연결되며, 면적은 축구장 3개를 합친 것과 같고 돛단배의 형상이다.

먼트 팀으로 한미글로벌이 참여했고 호텔 프로젝트 매니저PM Project Manager를 우리 회사에서 이적한 외국인이 맡았기 때문이다. 공사가 진행되는 동안에도 또 완공된 후에도 여러 차례 마리나 베이 샌즈를 찾았다. 그때마다 변함없이 형언하기 어려운 감동을 받곤 한다.

  마리나 베이 샌즈는 일단 규모가 압도적이다. 타워의 높이가 200미터인데 스카이파크를 포함하면 206미터에 이른다. 돛단배 모양의 스카이파크는 길이가 무려 343미터다. 파리의 에펠탑을 눕혀놓은 것보다 20미터나 더 길다. 더 놀라운 건 돛단배의 앞부분 70미터가 하부에 아무런 지지대도 없이 돌출된 캔틸레버Cantilever 구조다. 자유로운 상상력이 돋보이는 디자인도 놀랍고 그 디자인을 건물로 구현해낸 기술은 경이롭다.

  마리나 베이 샌즈의 상징이 된 스카이파크의 초대형 수영장은 한쪽 경계가 수평선처럼 보이도록 한 인피니트 풀이다. 206미터

스카이파크의 앞부분 | 길이가 무려 343미터인 스카이파크는 앞부분 70미터가 하부에 아무런 지지대도 없이 돌출된 캔틸레버 구조다.

높이의 수영장에서 싱가포르의 스카이라인과 도심을 조망하는 일은 아찔하면서 황홀한 경험이다. 마리나 베이 샌즈는 호텔과 스카이파크가 가장 널리 알려져 있지만, 이곳의 컨벤션센터는 싱가포르 마이스MICE 산업의 중심이다. 매해 4만 5,000명이 이용하는 컨벤션센터는 2,000개의 부스와 250개의 회의실을 갖추고 있다. 최대 1만 1,000명의 회의 인원을 수용할 수 있고 동시에 6,000명의 연회를 진행할 수 있다. 이 정도의 규모라면 전 세계의 고객들이 싱가포르를 찾지 않을 이유가 없다.

토지 매입비용을 포함한 건설사업비가 총 55억 달러나 들었다. 그러나 건축주 라스베이거스샌즈는 처음 계획 때부터 이익을 확신했다. 당시 한 해 매출 10억 달러를 예상했고 5년이면 투자금 회수를 장담했다. 실제로 2012년 영업이익 14억 달러를 달성했고 투자비 회수에는 고작 4년밖에 걸리지 않았다.

현대건축의 혁신적 디자인으로 미래의 꿈을 만들어가다

"사람은 건축을 만들고 건축은 사람을 만든다We shape our buildings and they shape us."

영국의 정치가 윈스턴 처칠Winston Churchill이 한 말이다. 정말 공감되는 얘기다. 나 역시 어느 나라를 방문하든 도시의 모습을 통해 그 도시의 사람들을 이해하곤 한다. 그런 면에서 싱가포르는 혁신과 포용의 자세를 가진 사람들의 도시다. 매우 완고하게 사회적 규칙을 운용한다. 하지만 세계 어느 국가보다 건축가들의 혁신적인 디자인을 과감하게 수용하는 곳이다. 창의적 실험을 두려워하지 않고 도전을 즐기는 싱가포르 사람들의 사고를 엿볼 수 있는 대목이다. 싱가포르는 현대건축을 보기 위한 건축 여행지로 손꼽을 만한 도시다.

여행의 출발지인 창이 공항은 세계에서 가장 아름다운 공항이 됐다. 2019년 개관한 환승 역사 주얼창이 덕분이다. 마리나 베이 샌즈를 설계한 모셰 사프디가 디자인을 맡고 미국 9·11메모리얼 파크의 조경디자인을 담당한 피터 워커가 참여한 주얼창이는 공항이라기보다 거대한 실내 숲이다. 7층 높이에서 떨어지는 엄청난 규모의 인공폭포가 장관이다. 공상과학 영화 「아바타」에서 영감을 받았다고 한다. 2,500그루의 교목과 1만 그루의 관목으로 채운 울

창이공항의 환승역사 주얼창이 | 7층 높이에서 떨어지는 인공폭포와 2,500그루의 교목, 1만 그루의 관목으로 이루어진 거대한 실내 숲이다.

헬릭스 브리지 | 길이가 280미터인 보행자용 다리로 DNA 구조를 연상케 하는 이중 나선형 구조물이 인상적이다.

가든스 바이 더 베이 | 밤에 조명이 켜지는 거대한 인공 나무인 슈퍼트리 사이의 스카이웨이는 현대건축의 도시 싱가포르를 상징하는 건축물로 빼놓을 수 없다.

창한 숲의 공간은 24시간 개방된다. 공항의 고정관념을 깨고 새로운 역할을 보여준 주얼창이는 오픈과 동시에 싱가포르의 새로운 랜드마크가 됐다.

마리나 베이에는 세계에서 가장 아름다운 다리로 불리는 헬릭스 브리지Helix Bridge가 있다. 길이가 280미터인 보행자용 다리로 사람의 DNA 구조를 연상케 하는 이중 나선형 구조물이 인상적이다. 헬릭스 브리지는 시드니 올림픽 공원을 디자인한 필립 콕스Philip Cox의 작품이다. 마리나 베이 샌즈 바로 옆에 있는 예술 과학 박물관Art Science Museum은 역시나 모셰 사디프의 작품이다. 연꽃을 연상케 하지만 원래 손을 벌린 모습을 표현한 것이다. 싱가포르에 온 사람들에게 보내는 환영의 인사를 의미한다고 한다. 이곳은 미국의 자연사 박물관이나 스미소니언 연구소 등 세계적 박물관들이 국제 전시 투어를 할 때 반드시 거쳐 가는 곳으로 유명하다.

마치 공상과학 영화 속으로 들어간 듯 착각을 하게 되는 가든스 바이 더 베이Gardens by the Bay도 싱가포르를 대표하는 독특한 건축물이다. 밤에 조명이 켜지는 거대한 인공 나무인 슈퍼트리 사이의 스카이웨이Sky Way는 현대건축의 도시 싱가포르를 상징하는 건축물로 빼놓을 수 없다.

　싱가포르의 도시 개발 프로젝트는 목적한 대로 경제 성장의 동력을 마련했다. 싱가포르는 2010년 마리나 베이 샌즈의 개관을 시작으로 마이스 산업 분야 세계 1위에 올라섰다. 같은 해 싱가포르의 국내총생산은 14.5%, 관광산업은 20% 성장했다. 현재 싱가포르는 인구 587만 명의 3배 이상인 약 2,000만 명이 찾는 동남아시아의 관광 수도다.

　도시 개발과 경제 성장의 상징이 된 마리나 베이 샌즈는 혁신의 상징이기도 하다. 도박 금지라는 오래된 사회적 금기를 스스로 깨는 혁신의 사고가 아니었다면 건설되지도 않았을 것이고 경제 재도약도 불가능했을 것이다. 싱가포르는 성공의 경험을 양분으로 삼아 변화를 거듭하는 중이다. 또 어떤 세계적 건축가가 싱가포르를 캔버스로 삼아 새로운 건축의 그림을 그리게 될까. 역동적인 도시 싱가포르가 만들어갈 미래의 변화가 무척 궁금하다.

모셰 사프디

　모셰 사프디는 1938년 이스라엘에서 태어난 캐나다의 건축가다. 캐나다 맥길 대학교에서 건축학사를 받았다. 그는 주거와 도시 계획 분야에서 특히 유명하다. 데뷔작인 해비타트67은 '죽기 전에 꼭 봐야 할 세계 건축 1001'에 선정될 만큼 유명한 건축물이다. 모세 사프디는 이 작품으로 왕립 캐나다건축협회로부터 금메달을 받았다. 그가 마리나 베이 샌즈를 설계하기 전까지 가장 많이 거론된 작품이다.

  캐나다 몬트리올에 있는 해비타트67은 1967년 몬트리올 세계박람회에 맞춰 공개된 서민용 공동주거빌딩이다. 콘크리트 박스 354개를 쌓아 올린 형상도 독특하지만 전 세대에 개방감을 제공한 것이 특징이다. 해비타트67은 모듈화(조립시공)와 대량생산의 이슈를 실현했다. 그가 왜 주거건축의 선각자로 불리는지를 설명해준다. 해비타트67은 오래된 아파트이지만 지금도 입주 희망자가

캐나다 몬트리올의 공동주거 빌딩

캐나다 오타와 시청

캐나다 밴쿠버 공립도서관

캐나다 퀘벡주의 문명박물관

줄을 설 정도로 인기가 높다고 한다.

그는 고향 이스라엘에서 도시계획 분야로 명성을 쌓았다. 1976년 이스라엘이 주변 이슬람 국가들과 6일 전쟁을 치렀을 때 예루살렘으로 사무실을 옮기고 도심 재건사업에 뛰어들었다. 이때 신도시 개발 등 굵직한 작업을 도맡으며 도시계획 건축가로 이름을 뚜렷하게 새겼다. 그의 주요 무대는 캐나다와 미국이다. 캐나다의 오타와 시청, 밴쿠버 공립도서관, 퀘벡 문명박물관을 비롯해 미국 아칸소주 벤톤빌의 크리스털 브리지 미술관 등이 대표작이다.

모셰 사프디는 '건축은 시간과 공간을 초월하는 영구적 개체이며 사람의 삶에 큰 영향을 미친다.'라는 신념을 바탕으로 독창적이고 뚜렷한 자신만의 스타일을 고집스럽게 지키는 건축가다. 그러면서도 그의 건축은 언제나 각 도시 고유의 특징을 존중한다. 대중

미국 아칸소주 벤톤빌의 크리스털 브리지 미술관

의 삶과 건축은 함께 어우러져야 한다는 철학의 반영이다.

그는 27세 때 헤비타트67로 주목받고 40여 년 뒤 70대의 나이에 설계한 마리나 베이 샌즈로 다시 한 번 혁신적 건축가로 거듭났다. 80대에 접어든 지금도 왕성하게 활동하며 도시를 대표할 건축물들을 선보이고 있다.

| 미국 뉴욕 |

엠파이어 스테이트 빌딩

: 대공황기 미국의 심장에 희망을 켜다

엠파이어 스테이트 빌딩Empire State Building은 뉴욕의 상징이자 초고층 빌딩의 경쟁 시대를 연 주역이다. 엠파이어 스테이트 빌딩은 높이가 약 381미터지만 여전히 초고층 빌딩으로 상징되는 번영과 영광의 아이콘 건축이다.

엠파이어 스테이트 빌딩은 1931년 미국의 경제 대공황기에 완공됐다. 절망에 빠졌던 미국인들은 당시 세계 최고 높이의 빌딩을 최단기간에 적은 비용으로 완성해낸 자국의 저력을 확인하고 희망을 보았다. 엠파이어 스테이트 빌딩은 대공황에서 벗어나 재도약을 거쳐 다시 세계 최강의 부국이 된 미국의 정신으로 표현된다. 많은 영화의 배경이 되었으며 지금도 뉴욕의 마천루들을 제치고 여전히 미국인의 자부심을 상징하는 건축물로 사랑받고 있다.

소재지: 미국 뉴욕
건축가: 리치먼드 슈리브, 윌리엄 램, 아서 하몬
완공: 1931년 5월

　세계 랜드마크 경쟁의 주요 키워드는 역시 '높이'다. 최고층 빌딩의 자리를 놓고 벌이는 높이 경쟁은 굉장히 치열하다. 현재 세계 최고 빌딩은 높이 829.84미터의 두바이 부르즈 칼리파다. 하지만 이 기록도 조만간 깨질 것 같다. 사우디아라비아 제다에 1킬로미터 높이의 킹덤타워Kingdom Tower 건물이 건설 중에 있기에 도시들의 마천루 경쟁은 앞으로도 계속될 것으로 보인다.

　현재 빌딩의 높이 경쟁을 주도하는 건 중국이다. 세계 초고층 빌딩의 약 50%가 중국에 있다. 도시들이 어마어마한 건설 비용에도 불구하고 초고층 빌딩에 계속 도전하는 이유가 뭘까? 그건 초고층 빌딩이 도시의 경제력과 번영을 상징하기 때문이다. 초고층 빌딩 열풍의 이면에는 도시화 현상과 자본의 욕망이 자리하고 있다. 도시의 인구 집중은 세계적인 흐름이다. 인구가 집중하면 땅값이 오르고 건물은 위로 올라갈 수밖에 없다. 여기에 부동산에 투자하길 원하는 부자들의 욕구가 더해진다. 실제로 최근 건설되는 초고층

엠파이어 스테이트 빌딩 외관 | 1930년대 대공황 시절에 고난 극복의 의지와 희망을 보여준 건축물로서 미국인의 자부심을 상징한다.

빌딩은 주거용이 상당히 많아지고 있다.

　세계에 초고층 빌딩 숲이 된 도시는 많다. 그래도 마천루 하면 떠오르는 도시는 역시 뉴욕이다. 중국이 빠르게 초고층 빌딩을 건설하고 있지만 세계 마천루의 역사를 써온 뉴욕의 상징성을 가질 수는 없다. 뉴욕은 정말 아찔한 높이의 고층 빌딩으로 빼곡하게 채

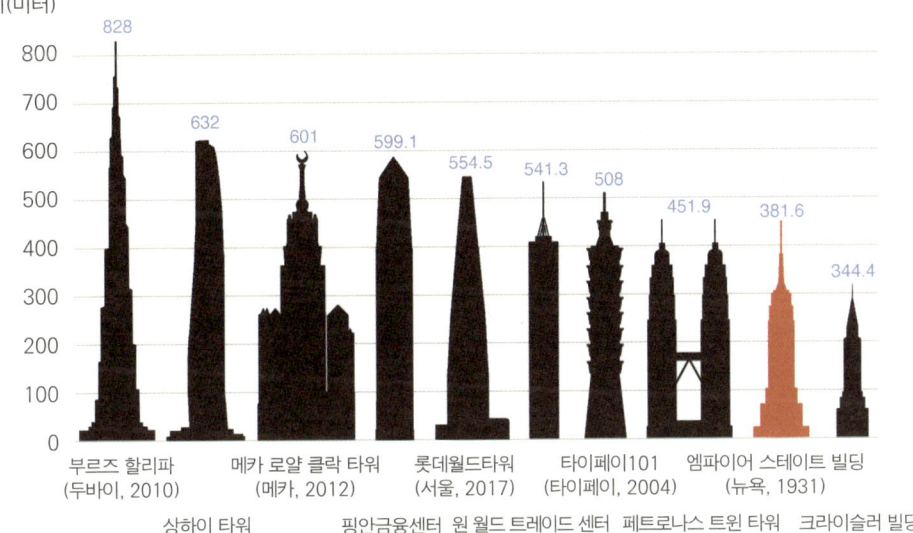

마천루 경쟁(2021년 기준) | 높이 381.6미터의 엠파이어 스테이트 빌딩은 2021년 기준 세계에서 49번째로 높은 빌딩이지만 1931년부터 1973년까지 세계에서 가장 높은 마천루였다.

워진 도시다. 그중에서도 뉴욕을 대표하는 마천루 중 엠파이어 스테이트 빌딩을 빼놓을 수는 없다. 높이 381.6미터의 엠파이어 스테이트 빌딩은 이미 오래전 높이 경쟁에서 밀려났다. 하지만 사람들은 뉴욕의 고층 빌딩을 이야기할 때 여전히 엠파이어 스테이트 빌딩을 떠올린다. 뉴욕을 한 번도 가보지 못했어도 엠파이어 스테이트 빌딩이라는 이름을 안다. 미국의 인기 영화에 무려 100여 차례에 걸쳐 주요 배경으로 등장한 덕분이다.

단지 높이 때문이라면 진즉에 왕관을 내려놓았겠지만 엠파이어 스테이트 빌딩은 단지 '높기만' 한 빌딩이 아니다. 1930년대 대공황 시절에 고난 극복의 의지와 희망을 보여준 건축물로서 미국 경제의 재도약과 미국인의 자부심을 상징한다. 벌써 91세가 된 엠파이어 스테이트 빌딩은 그래서 변함없이 초고층 빌딩의 대명사이자 뉴욕의 랜드마크이고 번영과 도약의 아이콘인 것이다.

세계의 경제 수도 뉴욕에 높이 경쟁의 포문을 열다

초고층 빌딩의 역사는 미국의 시카고에서 기원했다. 1871년 시카고는 대화재로 도시의 3분의 1이 불에 타고 10만여 명의 이재민이 발생하는 재난을 겪었다. 화재 후 시카고는 대규모 재건사업을 추진했다. 도시의 재건사업이란 곧 자본이 집중된다는 것을 의미한다. 돈이 몰리니 인구가 증가하고 부족한 도시의 땅을 나눠 쓰기 위해 건축물은 높아지게 된다. 당시 철과 유리라는 건축 재료가 등장했다. 건축가들은 새로운 건축 재료들을 이용해 고층 빌딩을 짓는 실험과 도전에 나섰다. 그들이 바로 시카고 학파로 불리는 건축가들이다.

이런 역사적 배경 때문에 시카고를 건축의 도시라고 부른다. 그런 시카고의 명성을 빼앗은 도시가 뉴욕이다. 세계의 경제 중심지 뉴욕은 전 세계의 자본이 몰리는 도시다. 엄청난 자본력과 증가하는 인구는 필연적으로 뉴욕을 마천루 숲으로 변화시켰다.

뉴욕 마천루 경쟁의 본격적인 포문을 연 것은 크라이슬러 빌딩 Chrysler Building과 엠파이어 스테이트 빌딩이다. 1930년과 1931년 각각 완공된 두 빌딩은 당시 뉴욕 최고 높이의 자리를 두고 치열한 싸움을 벌였다. 당시 뉴욕의 가장 부유한 자산가였던 크라이

크라이슬러 빌딩 | 1930년과 1931년 각각 완공된 크라이슬러 빌딩과 엠파이어 스테이트 빌딩은 당시 뉴욕 최고 높이의 자리를 두고 치열한 싸움을 벌였다.

슬러사의 월터 크라이슬러Walter P. Chrysler와 GM의 존 래스콥John J. Raskob은 자존심을 걸고 세계 최고 높이의 건물을 짓겠노라 결심했다. 그런데 하필 비슷한 시기에 공사를 시작하는 바람에 공사 기간 내내 두 사람의 열띤 눈치 전쟁이 벌어졌다.

크라이슬러 빌딩과 엠파이어 스테이트 빌딩의 원래 설계는 각각 319.4미터와 320미터였다. 엠파이어 스테이트 빌딩이 조금 더 높았다. 그런데 엠파이어 스테이트 빌딩보다 먼저 완공된 크라이슬러 빌딩의 높이는 원래 계획과 다르게 344.4미터가 되었다. 엠파이어 스테이트 빌딩을 속이기 위해 비밀리에 첨탑을 따로 조립해 뒀다가 완공 직전에 올린 것이다. 하지만 존 래스콥도 만만치 않았다. 크라이슬러 빌딩이 원래 계획보다 더 높아질 것을 예상하고 엠파이어 스테이트 빌딩의 설계를 수정해 381.6미터로 완성했다. 뛰는 월터 크라이슬러 위에 나는 존 래스콥이었던 것이다. 결국 최고 높이의 명예는 엠파이어 스테이트 빌딩이 가져갔고 1973년 세계무역센터의 쌍둥이 빌딩이 세워지기까지 42년 동안 세계 최고층 오피스 빌딩 자리를 유지했다.

엠파이어 스테이트 빌딩의 건설을 제안한 존 래스콥은 미국의 재벌 피에르 뒤퐁Pierre Dupont과 함께 빌딩의 직접 투자자로 나섰다. 이때 건설사업 인가를 내준 사람이 전 뉴욕주지사이자 민주당 대통령 후보를 역임한 앨 스미스Alfred Emanuel Smith, Jr.다. 그는 1928년 대통령 선거 후 엠파이어 스테이트 법인의 대표가 됐고 그의 유명세 때문에 한동안 엠파이어 스테이트 빌딩은 스미스 빌딩으로 불리기도 했다.

엠파이어 스테이트 빌딩의 설계는 슈리브, 램 앤드 하몬Shreve, Lamb & Harmon Associates 설계회사가 맡았다. 엠파이어 스테이트 빌딩의 건설을 주도한 존 래스콥의 관심은 '높이'와 '비용'이었다. 그는 건축가들에게 경제 대공황기에 짓는 건물인 만큼 최소한의 비용으로 설계부터 준공까지 20개월이 넘지 않는 공사 기간을 요구했다. 어지간한 건축가라면 손사래를 칠 만큼 매우 어려운 미션이었다. 하지만 건축가 윌리엄 램William F. Lamb은 단순히 높기만 한 빌딩을 짓고 싶지 않았다. 그는 적은 비용으로 가장 높게 그러나 아름답고 우아한 빌딩을 설계 착수 시점에서 20개월 이내에 완성할 방법을 고민했다. 시카고 트리뷴 타워처럼 위로 올라갈수록 좁아지는 형태에

아르데코 양식 | 위로 올라갈수록 좁아지는 형태다. 5층까지는 대지를 꽉 채워 짓고 그 위부터 폭을 조금씩 줄여서 건물을 올리는 방식을 적용했다.

엠파이어 스테이트 빌딩의 전망대 | 86층과 102층의 전망대는 하루 평균 7,000여 명이 찾으며 특히 86층 전망대는 뉴욕을 유리창 없이 360도 조망할 수 있다.

디자인적으로는 아르데코* 양식을 적용한 설계를 완성했다. 5층까지는 8,000제곱미터 대지를 꽉 채워 짓고 그 위로 건물의 폭을 조금 줄여서 80층을 세운 후 다시 폭을 더 줄여서 나머지 건물을 올리는 개념의 설계를 했다. 여기에 모서리 윤곽선을 매끄럽게 처리하고 절제된 기하학적 장식을 더해 단정한 분위기를 살린 디자인이었다. 놀랍게도 이 콘셉트 설계는 단 2주 만에 완성됐다고 한다.

　엠파이어 스테이트 빌딩은 아름다운 건축물이다. 같은 시기 같은 양식으로 지어진 크라이슬러 빌딩보다는 못하다는 평가도 있지만 세계에서 가장 아름다운 건축물에 빠지지 않고 선정될 정도로 건축미가 빼어나다. 엠파이어 스테이트 빌딩을 보지 않고 뉴욕을 봤다고 말할 수 없다는 말이 있을 정도다.

---

* 　부록- 아르데코 건축 참고

엠파이어 스테이트 빌딩 야경 | 건물 꼭대기에 설치된 투광 조명으로 화려하게 변신한 엠파이어 스테이트 빌딩은 뉴욕의 야경을 대표하는 건축물이다.

특히 이곳의 전망대는 정말 놓치면 후회할 만한 명소다. 86층과 102층 전망대는 하루 평균 7,000여 명이 찾는데 가장 인기 있는 곳은 86층 전망대다. 뉴욕을 유리창 없이 360도 조망할 수 있기 때문이다. 이곳에 서면 맨해튼의 스카이라인, 새로 건설 중인 초고층 빌딩들, 허드슨강과 더 멀리에 있는 센트럴 파크까지 볼 수 있다. 엠파이어 스테이트 빌딩의 야경은 특히 유명하다. 밤이 되면 건물 꼭대기에 설치된 투광 조명에 불이 들어온다. 미국 독립기념일 등 특별한 날에는 특별한 컬러의 조명이 되기 때문에 뉴요커들은 조명을 통해 그 날이 무슨 날인지 알아차릴 수 있다. 빛으로 화려하게 변신한 엠파이어 스테이트 빌딩은 뉴욕의 야경을 대표하는 건축물의 자리를 단 한 번도 넘겨준 적이 없다.

20세기 현대건설의 '7대 불가사의'의 기록을 쓰다

미국은 20세기 초에 폭발적 경제 성장을 거듭하다가 1920년을 전후로 잠시 경기 침체를 겪었다. 하지만 자본과 기술력의 힘으로 당시 어렵지 않게 극복해냈고 세계 경제 강국이 됐다. 그러나 경제 호황기는 잠시였다. 경제의 극단적 양극화, 소비 부진, 자본의 주식시장 쏠림 등 심각한 문제들이 쌓여갔다. 1929년 미국은 전례 없는 경제 위기에 몰렸다. 10월 28일 월요일 뉴욕 증권거래소의 주가가 폭락했다. 기업은 연쇄 파산했고 경제 대공황으로 이어졌다. 세계에서 가장 부유한 도시 뉴욕이었지만 시민들이 일자리를 찾지 못해 굶는 일이 다반사로 일어났다. 바로 이 시기 엠파이어 스테이트 빌딩이 건설됐다.

건축 역사상 가장 성공적인 프로젝트로 불리는 엠파이어 스테이트 빌딩의 완공은 설계를 담당한 건축가와 스타릿 브러더스 앤드 에켄Starrett Brothers and Eken 시공사의 긴밀한 협업의 산물이다. 시공사인 스타렛 브러더스 앤드 에켄은 '프로젝트 초기부터 사업에 관여하지 않으면 아예 시공에 참여하지 않겠다.'라는 사업 원칙이 확고했다. 이 회사에는 제1차 세계대전 당시 건설산업위원회 소속 비상건설부 책임자였던 막내 동생인 빌 스타렛이라는 전문가가 있었다. 그는 군대 생활 중 단기간에 군 시설을 건설했던 경험을 기반으로 획기적인 공기 단축에 대한 노하우를 축적해왔다. 그 결과 계획했던 15개월 보다 1개월 반이나 앞당겨 착공한 지 13.5개월 만에 완공됐고 공사비도 예상했던 3,400만 달러보다 무려 1,000만 달러나 적은 2,471만 달러가 소요됐다. 미국 시빌엔지니어링Civil Engineering 학회는 엠

공사 시작 6개월 만에 건물 구조체인 철골이 86층까지 올라갔다. 타워크레인이나 펌프카가 없던 시절 원시적인 장비와 인력의 힘으로 공사를 진행했다.

파이어 스테이트 빌딩이 세운 기록을 '20세기 현대건설의 7대 불가사의'로 선정했다.

미국인들은 당시 건축 기술로는 불가능에 가까운 일을 가장 어려운 시기에 자신들이 해냈다는 사실에 깜짝 놀랐다. 한 치 앞을 보기 어려운 절망적인 현실이었지만 뉴욕에 당당히 들어선 세계 최고의 빌딩을 보며 '할 수 있다.' '아직 끝나지 않았다.' '앞으로 나아갈 수 있다.'라는 생각을 하게 된 것이다. 엠파이어 스테이트 빌딩은 미국인들에게 단순히 높은 건축물이 아니라 '희망' 그 자체였다.

당시 엠파이어 스테이트 빌딩의 건설 과정은 모두 대단한 뉴스거리였다. 1930년 4월 7일 첫 번째 철골 기둥을 세우면서 공사가

대공황기 직장을 잃은 건설업계 우수한 인력들과
현장 근로자들이 위험하고 아찔한 공사를 하고 있다.
하지만 철골공사 중 사망자는 한 명도 없었다.

본격적으로 시작됐는데 불과 6개월 만에 건물 구조체인 철골 5만 7,000톤이 86층까지 올라가는 기염을 토했다. 당시는 타워크레인이 개발되지 않았던 때라 현장 근로자들은 데릭Derick이라는 중장비를 사용했다. 데릭은 짐을 매달아 올리는 기중기로 타워크레인에 비해 효율성이 떨어지는 장비였다. 게다가 콘크리트 펌프카도 없던 시절이라 가설 엘리베이터를 통해 인력으로 콘크리트를 운반했다. 공사가 한창 진행될 때는 매일 트럭 500대 분량의 자재를 운반하고 보관하기 위해 건물 내 임시 철도를 만들어 자재들을 각 층으로 운반하는 방식을 채용했다고 한다. 당시 건설 현장을 상상하면 불가능을 가능으로 바꾸는 인간의 힘에 새삼 놀라게 된다.

아이러니하게도 엠파이어 스테이트 빌딩의 놀라운 공사 기록에는 당시 대공황이라는 상황이 적지 않은 도움이 되었다. 무려 3,500명의 근로자가 현장에 투입되는 대공사라서 경제 호황기라면 인력 확보가 쉽지 않았을 것이다. 그러나 거리에 실업자들이 넘쳐나다 보니 직장을 잃은 건설업계 우수한 인력들과 현장 근로자들을 무리 없이 공급할 수 있었다. 게다가 대공황기 상대적으로 낮아진 노동비용 덕분에 건설비용도 절약할 수 있었다. 근로자들은 하루 8시간씩 주 5일 근무를 했지만 하루에 한 층씩 골조를 쌓아 올렸다. 당시 고층 빌딩의 케이블에 대롱대롱 매달린 채 일을 하는 근로자들의 모습을 보기 위해 공사 중인 엠파이어 스테이트 빌딩 주변은 언제나 현장을 구경하는 사람들로 북적였다. 당시 근로자들의 모습은 미국의 다큐멘터리 사진작가 루이스 하인Lewis Hine의 사진으로 기록돼 있다.

1931년 5월 1일 엠파이어 스테이트 빌딩이 정식으로 개관하는 날 당시 허버트 후버Herbert Hoover 대통령이 워싱턴에서 원격으로 빌딩에 불을 밝혔다. 엠파이어 스테이트 빌딩에 대한 미국인들의 특별한 감정을 읽은 국가 차원의 이벤트였다. 엠파이어 스테이트 빌딩은 이후로 조금씩 변화의 과정을 거쳤다. 1953년 안테나 탑을 세우면서 높이가 443미터로 높아졌다. 물론 안테나는 공식 높이에는 포함되지 않는다. 2009년에는 친환경 건축을 선언했고 2013년까지 약 1억 달러를 투자해 그린 빌딩으로 재탄생했다. 그 이전까지 엠파이어 스테이트 빌딩은 에너지 비용 약 1,100만 달러, 탄소 배출량 2만 5,000톤에 달하는 거대한 에너지 소비 건축이었다. 대대적인 리모델링을 통해 한 해 평균 38%, 약 440만 달러의 에너지 비용을 절감하는 데 성공했다.

뉴욕의 스카이라인은 지금도 계속 바뀌고 있다. 뉴욕에는 높이 305미터가 넘는 초고층 빌딩이 9개나 된다. 현재 건설이 예정된 초고층 빌딩이 무려 16개에 이른다. 높이 541.32미터로 현재 뉴욕에서 가장 높은 빌딩인 제1세계무역센터1WTC도 언젠가 그 자리를 다른 빌딩에 내줄 것이다. 점점 더 빠르고 점점 더 높게 지어지는 뉴욕의 마천루들은 이런저런 이야깃거리를 쏟아내며 사람들의 이목을 끌고 도시의 랜드마크가 되기 위해 치열하게 경쟁하고 있다.

이런 변화의 흐름 속에서도 엠파이어 스테이트 빌딩은 여전히 가장 사랑받고, 앞으로도 계속 미국의 자부심을 상징할 것이다. 오랜 세월 도시를 지키며 시민들이 필요로 하는 시대의 정신을 이야기해온 특별한 상징성은 높이, 첨단 기술, 화려한 디자인만으로 만들 수 있는 것이 아니기 때문이다.

엠파이어 스테이트 빌딩을 볼 때면 한 도시, 한 나라의 유산이 되는 건축물에 대해 생각을 하게 된다. 건축은 시대의 거울이라는 말이 있다. 건축이 시대를 살아가는 사람들의 삶을 기록하고 시대가 요구하는 시대정신을 표현한다는 의미다. 그래서 잘 지어진 건축은 공동체의 정체성을 상징하며 역사를 잊지 않도록 길을 안내한다. 지금 바로 이 시대를 살아가는 우리에게는 어떤 건축이 필요한 걸까. 시대가 필요로 하는 덕목을 담고 그것을 다시 우리에게 일깨워주는 그런 건축을 우리도 만났으면 좋겠다.

미국 뉴욕의 스탠더드 오일 빌딩

미국 뉴욕의 제너럴 모터스 빌딩

슈리브, 램 앤드 하몬 설계회사

슈리브, 램 앤드 하몬 설계회사는 1920년 건축가 리치먼드 슈리브Richmond H. Shreve와 윌리엄 램William F. Lamb이 설립한 건축회사 슈리브 앤드 램에서 출발했다. 1929년 아서 하몬Arthur L. Harmon이 합류하면서 슈리브, 램 앤드 하몬 설계회사가 됐다.

슈리브, 램 앤드 하몬의 주력 프로젝트는 오피스 빌딩이다. 2010년 뉴욕의 랜드마크 보존위원회는 상업용 오피스 빌딩 분야에서 이들의 작업을 '공간과 기능Spare and Functional'으로 표현했다. 슈리브, 램 앤드 하몬은 오피스 빌딩 외에도 많은 주거 프로젝트도 완료했다. 1920년대 대중적으로 적용됐던 역사적 양식을 비롯해 네오 튜더Neo Tudor 양식의 건축을 선보였다.

슈리브, 램 앤드 하몬의 대표작인 엠파이어 스테이트 빌딩의 디자인은 윌리엄 램이 담당했다. 그는 2주 만에 개념설계Concept Design를 완성했다. 이는 건축 계획과 기술 분야에서 탁월한 능력을 보였던 리치몬드 슈리브와의 호흡 덕분이었다. 엠파이어 스테이트 빌딩은 걸출한 두 명의 건축가의 환상적인 협력으로 설계에서 완공까지 20개월 만에 완료하는 역사적 기록을 세울 수 있었다.

미국 뉴욕의 메리어트 이스트사이드 호텔

미국 뉴욕의 3파크 애비뉴

이스라엘 예루살렘의 YMCA 빌딩

에필로그

 오랜 여행의 기록을 꺼내어 원고로 정리하던 중 코로나19 팬데믹이 시작됐다. 여전히 생생하게 기억하고 있는 아름다운 도시들이 감염병과 사투를 벌이는 참담한 상황을 미디어를 통해 지켜봤다. 사람들이 사라진 텅 빈 거리와 광장의 모습은 단지 낯섦 이상의 감정을 마음 깊숙한 곳에서 불러냈다. 결국 글을 잠시 멈추고 생각을 정리하는 시간을 다시 가져야만 했다.
 팬데믹의 시작을 누구도 예측하지 못한 것처럼 언제 종식될 것인지도 확언하지 못하는 상황이다. 하지만 이 뜻밖의 재난을 통해 우리는 도시의 다양한 공간들이 삶에 미치는 영향이 얼마나 크고 깊은지 여실히 깨닫고 있다.
 바쁘게 돌아가는 일상의 루틴Routine에서 미처 느끼지 못했던 사실, 즉 삶의 공간으로서 도시를 생각하게 된 것이다. 도시는 건축을 통해 나와 공동체 그리고 주변 환경을 연결한다. 건축이 만든 공간에서 우리는 서로 소통하고 삶을 영위한다. 비단 개인 주택만의 이야기가 아니다. 공공건축과 공원과 길 등 도시의 공간이 좋은 장소가 되려면 '나'의 이익과 '공공'의 이익에 모두 부합해야 한다. 단순하지만 중요한 가치다. 이것이 일찌감치 좋은 건축을 고민해온 세계의 주요 도시가 한국의 낯선 여행자에게 들려준 메시지다.

도시의 수천 년 역사는 인류가 다양한 위기를 극복해온 기록이다. 포스트 팬데믹 시대의 도시가 추구할 좋은 디자인의 방향은 결국 도시의 수요자이며 주체인 우리들의 생각과 경험 속에서 결정될 것이다. 건축은 '어떻게 살 것인가'에 대한 질문이자 답이다. 우리가 지금보다 더 나은 미래를 추구하는 한 위대한 건축물은 앞으로도 계속 등장할 것이고, 그 안에서 인류는 더 풍성한 스토리를 생산하고 역사로 기록할 것이다. 이 책에 등장하는 주요 건축물은 월간 『Money』에 연재했던 '김종훈 한미글로벌 회장의 건축기행 그리고 인생'을 주 골자로 새롭게 재구성했다.

오랜 시간에 걸쳐 진행된 여행이다 보니 기록의 양이 참으로 많았다. 그중 함께 나누고픈 이야기들을 고르고 편집하는 데 많은 도움을 준 클라우드나인 안현주 대표와 김미량 등 출판사 임직원, 한미글로벌의 조아라, 남궁소영, 양희종, 이국헌 등 여러분들에게 큰 고마움을 전하고 싶다.

책 한 권을 완성해가는 과정에서 무엇보다 건축의 의미와 건축가의 의도를 충실하게 전달하는 데 주력했다. 팬데믹이 종식되고 누군가 나의 이야기에 귀를 기울여 여행을 계획한다면 조금이나마 도움이 되고자 하는 마음에서다. 물론 책을 읽는 모든 이들과 그때

그 순간 현장에서 경험한 감동을 함께 공유하고 싶은 욕심도 있다. 하지만 책에 담은 필자의 생각을 그대로 받아들이지는 않았으면 한다. 건축 여행의 백미는 타인의 경험을 답습하는 것이 아니라, 자신만의 경험을 하는 것이다. 건축은 건축가에 의해 설계되지만, 건축을 경험하고 향유하는 즐거움은 온전히 우리 모두의 것이다. 나의 건축여행은 계속될 것이며 이 책에 수록되지 못한 또 다른 걸작들의 스토리를 계속해서 소개하고 싶다.

| 부록:
| 현대건축사조

- **아르데코 건축**

헬싱키 중앙역_엘리엘 사리넨

아르데코Art Deco는 1920년대에서 1930년대에 걸쳐 프랑스를 중심으로 한 유럽과 미국에서 크게 유행한 화려한 장식적인 양식을 지칭한다. 1925년 파리에서 개최된 '장식미술과 근대산업 만국박람회Exposition Interationale des Arts Decoratifs of Industriels Mordenes'의 명칭에서 유래되었다. 아르데코는 절충주의의 장식적 양식, 3D 형태를 감싸는 매끄러운 표면의 사용, 이국적인 것에 대한 애정, 반복되는 기하학적 주제, 값비싼 재료의 사용을 그 공통성으로 볼 수 있다. 아르데코의 형태 구성은 크게 1920년대에는 지그재그형, 1930년대에는 유선형의 두 가지로 분류할 수 있다. 아르데코 양식의 건축 특성은 장식적이고 색채가 풍부한 것으로 근대건축에는 장식이 없는 데 비해 아르데코 건축은 상당히 복잡하고 상층으로 갈수록 단상으로 세트백Set back되어 있고 움직임이 노골적으로 표현되어 있다. 세트백에 의해 건물에는 정상부에 크라운(왕관)이 출현하였고, 구름 위에 우뚝 솟은 크라운은 도시와 대중에 대한 건물의 얼굴 역할을 하였다. 대표적인 건축물은 헬싱키 중앙역(엘리엘 사리넨Eliel Saarinnen), 크라이슬러 빌딩(윌리엄 앨런Wiiliam Van Alen), 엠파이어 스테이트 빌딩(슈리브, 램 앤드 하몬Shreve, Lamb & Harmon) 등이 있으며 특히 미국 뉴욕과 플로리다에는 수많은 아르데코 건물이 존재한다.

■ 모더니즘 건축

빌라 사보아_르 코르뷔지에(출처: 위키피디아)

모더니즘 건축은 제1차 세계대전이 종전된 후에 활발해졌는데 구조 시스템을 기반으로 산업화를 위한 단순한 형태, 기하학적인 구성 등으로 기능성을 최대화한 이상적인 이론을 내세운 발터 그로피우스Walter Gropius, 미스 반 데어 로에Mies van der Rohe, 르 코르뷔지에Le Corbusier 등이 근대 건축의 선두로 나타나고 다른 진보적인 양식은 소멸되었다. 모든 형태적 사치성에서 탈피하려는 순수화의 추구는 새로운 건축 프로그램을 추구하는 가장 강렬한 시도가 되었다.

순수화의 특징은 새로운 '회화성'을 가지게 되고, '본능적 욕구'에서 파생되고, 다른 모든 상징적 유추 또는 순수화를 추구하는 가장 단순한 형태로부터 시작된다. 르 코르뷔지에는 입방체, 구, 원통, 피라미드 등의 가장 기본적인 형태 이미지들이 보통 사람들에게 혼란스럽지 않고 분명하게 파악되며 그 속성 때문에 기본적인 형태가 아름다운 형태가 된다고 말한다. 그는 기본적인 단순한 입체 형태의 사용을 주장했는데 그것을 새로운 미를 연출하기 위해서가 아니라 정신적인 성질을 분명하게 하기 위해서였다. 장황한 것을 피한 훌륭한 배치, 단일한 아이디어, 구조에서 대담함, 일관성, 기본적인 형상의 이용 등이 목표가 된다.

■ 포스트 모더니즘 건축

포스트모던 건축은 근대건축Modernism에서 배제되었던 상징적 의미, 장식 등의 형태 의미론적 측면과 지역문화와의 연속성, 역사성, 전통성 등을 다시 도입하여 새로운 방향을 모색하는 건축사조로서

포틀랜드 빌딩_마이클 그레이브스 (출처: 위키피디아)

매우 과장되고 상징적이고 때로는 유머러스하게 처리된 가로 입면 façade에서 단적으로 나타나고 있다. 포스트모던 건축의 공통적 특징은 다섯 가지이다. 첫째, 근대건축에서 배제되어온 형태의 의미와 사회적, 문화적 상징성의 회복을 시도한다. 둘째, 과거의 고전주의적 수법과 절충주의적 수법을 이용하고 있으며 지역, 장소, 개인 등의 다양성과 다원화를 표방하고 있다. 셋째, 의사소통의 건축으로서 건축을 언어처럼 의미를 전달하는 기호체계로 보고 이미지 화법, 기억, 유추, 은유 등을 중요한 조형 개념으로 활용한다. 넷째, 맥락주의의 건축으로서 건물이 위치하는 도시의 환경 및 문화, 역사적 맥락을 중시하며, 근대건축의 오브제적 지향을 피하고 주변 환경과의 관계 속에서 사회적 문화적 동질성과 연속성을 유지하기 위해 노력한다. 다섯째, 공간과 형태 구성의 수법으로 혼성적 표현과 모호성을 인정하며 기능과 형태의 의미적 해체와 재구성, 순수 기하학적 재구성, 비구조를 이용한 공간의 관입과 확장을 구하고 있다.

주요 건축가로는 로버트 벤투리Robert Venturi, 찰스 무어Charles W. Moore, 마이클 그레이브스Michael Graves 등이 있다.

안트베르펜 포트 하우스_자하 하디드

▪해체주의 건축

해체주의 건축의 기본개념은 기존의 미학이나 거주, 공간, 기능성과 같은 것을 어느 정도 배제하고 새로운 개념의 공간, 형태, 건물의 새로운 형태를 추구하는 방법들로 이루어지며 새로운 가치를 부여해야 한다. 이는 단순히 옛것을 버리자는 것이 아니라 기존 건축 형태의 엄격성이나 합리주의 사고와는 강한 대조를 이루는 비정형적인 성격을 가진다고 볼 수 있다. 해체주의 건축의 키워드는 포스트모던적 사고의 수용, 상호 텍스트성, 기능주의 비판과 형태적 유희, 양식의 해체, 과정으로서의 건축, 탈중심의 건축, 탈의미적 형태, 열린 건축, 수사학적 건축, 부재의 건축, 흔적의 발굴, 건축과 타 분야의 경계 해체, 형태 의미의 불확정성, 프로그램의 해체, 회화적 파괴, 콜라주collage 개념 등이다.

주요 건축가로는 프랭크 게리Frank Owen Gehry, 피터 아이젠먼Peter Eisenman, 자하 하디드Zaha Hadid, 다니엘 리베스킨트Daniel Libeskind 등이 있다.

홍콩 HSBC 빌딩_노먼 포스터

■ 하이테크 건축

산업혁명 이후 급격히 발달된 공업과 과학기술을 건축에 적극적으로 활용하여 공업기술의 이미지를 과장하는 건축 양식으로서, 후기 근대주의Late Modernism 건축의 가장 대표적인 건축 사조로서 그 특성 및 건축 구성 원리는 다음과 같다.

첫째, 공업기술 지상주의로 공업생산에 의한 규격화, 표준화된 새로운 재료와 부재를 신기술과 신공법을 적극적으로 활용하여 건설한다. 둘째, 기계미의 표현으로 공업기술을 적극 이용한 기술적 이미지를 과장하고 구조체, 설비 및 동선체계, 커튼월의 표피를 외관에 표현하여 시각적으로 강조한다. 셋째, 가변성을 지닌 공간과 구조로서 기능에 따라 가변성과 융통성을 지니는 평면, 구조, 설비체계를 구성하며 고도의 기계적 서비스가 제공되는 양질의 평면과 공간을 제공한다.

주요 건축가로는 노먼 포스터Norman Foster, 리처드 로저스Richard Rogers, 케빈 로치Kevin Roche 등이 있다.

포트워스 현대미술관_안도 다다오

▪ 미니멀리즘 건축:

미니멀리즘 건축은 그 표현 특성에서는 미니멀 아트와 유사하지만 그 정신은 모더니즘과의 관련 속에서 강하게 나타나며 동양에서는 여백을 중시하는 미학관을 공유하기도 한다. 또한 미니멀리즘 건축에서 가장 큰 담론으로 제시되는 단순성은 고대에서부터 사용된 표현 특성을 갖고 있다. 즉 신의 권위와 절대성을 상징하는 신전, 피라미드, 지구라트 등의 무수한 기념비적인 건축 양식 속에서도 단순성의 특징을 찾아볼 수 있다. 근대 미니멀리즘 경향은 아돌프 로스, 르 코르뷔지에, 미스 반 데어 로에, 루이스 칸의 순수하고 간결한 반절충적인 건물과 건축 운동 안에서 그것의 많은 근원적 흔적들이 발견된다. 최근 대표적 건축가로는 헤르초크와 드 뫼롱Herzog & de Meuron, 안도 다다오Ando Tadao 등이 있다.

참고문헌

■ 베를린 유대인 박물관

다니엘 리베스킨트, 『낙천주의 예술가』(원제: Breaking Ground), 하연희 역, 마음산책, 2006

이은화, 『가고 싶은 유럽의 현대미술관』, 아트북스, 2015

Bernhard Schneider, Daniel Libeskind, 『Daniel Libeskind: Jewish Museum Berlin』, Prestel, 1999

■ 9.11 메모리얼 파크

송하엽, 『랜드마크; 도시들 경쟁하다』, 효형출판, 2017

다니엘 리베스킨트, 『낙천주의 예술가』(원제: Breaking Ground), 하연희 역, 마음산책, 2006

Allison Blais, Lynn Rasic, 『A Place of Remembrance』, National Geographic, 2015

■ 중국미술학원 상산캠퍼스

최인숙, 『왕슈 건축을 만나다』, 책과나무, 2014

Wang Shu, 『Wang Shu and Amateur Architecture Studio』, Lars Müller Publishers, 2017

▪ 테이트 모던 미술관

이은화, 『가고 싶은 유럽의 현대미술관』, 아트북스, 2015
Frances Morris, 『Tate Modern The Handbook』, Tate, 2012
Herzog and De Meuron, 『Building the Tate Modern』, The Tate Gallery, London, 2000

▪ 나오시마

후쿠타케 소이치로, 안도 다다오, 『예술의 섬 나오시마』, 박누리 역, 마로니에북스, 2013
안도 다다오, 『안도 다다오 일을 만들다』, 이지민 역, 재능교육, 2014
후루야마 마사오, 『안도 다다오』, 김미리 역, 마로니에북스, 2010
Naoshima Contemporary Art Museum, Remain in Naoshima, 베네사하우스, 2000
안도다다오 건축사사무소, TADAO ANDO Museum Guide, 주식회사 미술출판, 2001
안도 다다오, 나, 건축가 안도 다다오, 이규원 역, 안그라픽스, 2009

▪ 템펠리아우키오 교회

Nigel Wallis, 『Helsinki』, Bradt Travel Guide, 2007

Helsinki, 『Temppeliukion Kirkko』, Sävypaino, 1981

▪ 훈데르트바서하우스
피에르 레스티니, 『훈데르트바서 다섯 개의 피부를 지닌 화가왕』
(원제: HUNDERTWASSER), 박누리 역, 마로니에북스, 2010
편집부, 『훈데르트바서 포트폴리오』, 마로니에북스, 2006
Angelika Taschen, 『Hundertwasser: Architecture』, TASCHEN, 1999

▪ 샌프란시스코 현대미술관
편집부, 『MARIO BOTTA 마리오 보타』, 건축세계사, 2000
Richard Barnes, 『A portfolio of architectural photographs: SFMOMA』, The Museum, 1994
Mario Botta Architetti, 『Mario Botta Architetti: Leading Architects』, Images Publishing Dist Ac, 2017
John R. Lane, 『The Making of a Modern Museum: Celebrating Sixty Years』, San Francisco Museum, 1995

▪ 퐁피두센터
제르맹 비아트, 『퐁피두 센터 거대한 꿈의 공장』, 시공사, 2009
이은화, 『가고 싶은 유럽의 현대미술관』, 아트북스, 2015
Francesco Dal Co, 『Centre Pompidou: Renzo Piano, Richard Rogers, and the Making of a Modern Monument』, Yale University Press, 2016

Renzo Piano, 『Centre Pompidou』, Fondazione Renzo Piano, 2018

▪솔로몬 구겐하임 미술관

송하엽, 『랜드마크; 도시들 경쟁하다』, 효형출판, 2017

프랭크 로이트 라이트, 『프랭크 로이드 라이트 자서전』, 이종인 역, 미메시스, 2006

서수경, 『프랭크 로이드 라이트』, 기문당, 2014

Francesco Dal Co, 『The Guggenheim: Frank Lloyd Wright's Iconoclastic Masterpiece』, Yale University Press, 2017

Stephen Robert Frankel, Architectural Appreciation Frank Lloyd Wright's Guggenheim Museum, Guggenheim Museum Publications, 2002

Donald Hoffmann 『Understanding Frank Lloyd Wright's Architecture』, Dover Publications, 1995

Robin Langley Sommer, 『Frank Lloyd Wright: American Architect for the Twentieth Century』, Smithmark Pub, 1995

▪시드니 오페라하우스

송하엽, 『랜드마크; 도시들 경쟁하다』, 효형출판, 2017

Anne Watson, 『Building a Masterpiece: The Sydney Opera House』, Lund Humphries, 2006

Philip Drew, Jorn Utzon, Anthony Browell, Sydney Opera House: Sydney 1957-73 Jorn Utzon (Architecture in Detail), Phaidon, 1995

Michael Pomeroy Smith, 『SYDNEY OPERA HOUSE』, Collins, 1984

▪위니테다비타시옹

장 장제르, 『르 코르뷔지에』, 김교신 역, 시공사, 1999

르 코르뷔지에, 『모듈러』, 손세욱, 김경완 공역, 씨아이알, 2016

Jacques Sbriglio, 『Le Corbusier: The Unite d'Habitation in Marseille, Birkhäuser Architecture』, 2000

Peter Ottmann, 『Le Corbusier: 5 × Unité d'habitation: Marseille, Rezé, Berlin, Briey-en-Forêt, Firminy』, Spector Books, 2019

Kanja Kentaro, 『Le Corbusier: Art and Architecture - A Life of Creativity』, Mori Art Museum, 2007

▪빌바오 구겐하임 미술관

바버라 아이젠버그, 『프랭크 게리와의 대화』 (원제: Conversations with Frank Gehry), 이상근 역, 위즈덤피플, 2011

송하엽, 『랜드마크; 도시들 경쟁하다』, 효형출판, 2017

이은화, 『가고 싶은 유럽의 현대미술관』, 아트북스, 2015

Coosje Van Bruggen, Frank O. Gehry, 『Guggenheim Museum Bilbao』, Solomon R Guggenheim Museum, 1997

Frederic Migayrou, Aurelien Lemonier, 『Frank Gehry』, Prestel, 2015

■ **터닝토르소**

José Miguel Hernández Hernández, 『Turning Torso, Santiago Calatrava』, Bellisco Ediciones, 2008

Bellisco Ediciones, 『Santiago Calatrava: Complete Works, Expanded Edition』, Rizzoli, 2007

■ **마리나베이샌즈**

송하엽, 『랜드마크; 도시들 경쟁하다』, 효형출판, 2017

Moshe Safdie, 『Reaching for the Sky: The Making of Marina Bay Sands』, ORO Editions, 2013

Donald Albrecht, 『Global Citizen: The Architecture of Moshe Safdie』, Scala Arts Publishers, 2010

■ **엠파이어스테이트 빌딩**

John Tauranac, 『EMPIRE STATE BUILDING: The Making of a Landmark』, Scribner, 1995

Carol Willis, 『Building the Empire State』, W. W. Norton & Company, 2007

Geraldine B. Wagner, 『Thirteen Months to Go - The Creation of the Empire State Building』, Thunder Bay Press, 2003

Maria Elena Velardi, 『The Empire State Building and New York Skyscrapers』, Casa Editrice Bonechi, 2002

기타

김종훈, 『한미글로벌 회장의 건축 기행 그리고 인생』, 한미글로벌, 2015

한국건설산업연구원, 『인류 역사와 함께한 건설상품 100선』, 한국건설산업연구원, 2015

루스 펠터슨, 그레이스 옹-얀, 『건축가 : 프리츠커상 수상자들의 작품과 말』, 황의방 역, 까치글방, 2012

Pearce, Annie, Ahn, Yong Han, Hanmiglobal Co, Ltd, 『Sustainable Buildings and Infrastructure』, Routledge, 2017

건축사조

(아르데코 건축) 정영철, 『근대건축의 흐름』, pp. 95~101, 미세움, 2012

(모더니즘 건축) 양동양, 양미란, 『근현대건축론』, pp. 17~19, 기문당, 2016

(포스트모더니즘 건축) 윤정근, 지광석, 김유한, 김창언, 변계성, 『서양 근현대건축』, pp. 163~165, 기문당, 2016

(해체주의 건축) 윤정근, 지광석, 김유한, 김창언, 변계성, 『서양 근현대건축』, pp. 254~256, 기문당, 2016

(하이테크 건축) 윤정근, 지광석, 김유한, 김창언, 변계성, 『서양 근현대건축』, pp. 222~223, 기문당, 2016

(미니멀리즘 건축) 김진엽, 『미학 제32집-미니멀리즘』, pp. 228~229, 2002

김종훈의 세계 현대건축 여행

초판 1쇄 발행 2022년 6월 28일
초판 9쇄 발행 2022년 11월 4일

지은이 김종훈
펴낸이 안현주

기획 류재운 **편집** 김미랑 안선영 **마케팅** 안현영
디자인 최승협 장덕종

펴낸 곳 클라우드나인 **출판등록** 2013년 12월 12일(제2013-101호)
주소 우) 03993 서울시 마포구 월드컵북로 4길 82(동교동) 신흥빌딩 3층
전화 02-332-8939 **팩스** 02-6008-8938
이메일 c9book@naver.com

값 20,000원
ISBN 979-11-91334-79-1 03540

* 잘못 만들어진 책은 구입하신 곳에서 교환해드립니다.
* 이 책의 전부 또는 일부 내용을 재사용하려면 사전에 저작권자와 클라우드나인의 동의를 받아야 합니다.
* 클라우드나인에서는 독자 여러분의 원고를 기다리고 있습니다.
  출간을 원하시는 분은 원고를 bookmuseum@naver.com으로 보내주세요.
* 클라우드나인은 구름 중 가장 높은 구름인 9번 구름을 뜻합니다. 새들이 깃털로 하늘을 나는 것처럼 인간은 깃펜으로 쓴 글자에 의해 천상에 오를 것입니다.